A CONSTRUÇÃO
DO ARGUMENTO

Anthony Weston

A CONSTRUÇÃO
DO ARGUMENTO

Tradução
ALEXANDRE FEITOSA ROSAS
Revisão da tradução
SILVANA VIEIRA

wmf **martinsfontes**

Esta obra foi publicada originalmente em inglês com o título
A RULEBOOK FOR ARGUMENTS
por Hackett Publishing
Terceira edição Copyright © 2000 by Anthony Weston.
Edição brasileira publicada por acordo com Eulama Literary Agency, Roma, Itália.
Copyright © 2009, Livraria Martins Fontes Editora Ltda.,
São Paulo, para a presente edição.

1ª edição 2009
3ª tiragem 2023

Tradução
ALEXANDRE FEITOSA ROSAS

Revisão da tradução
Silvana Vieira
Acompanhamento editorial
Luzia Aparecida dos Santos
Revisões
Helena Guimarães Bittencourt
Maria Regina Ribeiro Machado
Produção gráfica
Geraldo Alves
Paginação
Moacir Katsumi Matsusaki

Dados Internacionais de Catalogação na Publicação (CIP)
(Câmara Brasileira do Livro, SP, Brasil)

Weston, Anthony
  A construção do argumento / Anthony Weston ; tradução
Alexandre Feitosa Rosas ; revisão da tradução Silvana Vieira.
– São Paulo : Editora WMF Martins Fontes, 2009.

  Título original: A rulebook for arguments
  Bibliografia
  ISBN 978-85-7827-090-2

  1. Inglês – Retórica 2. Lógica 3. Raciocínio I. Título.

09-01183   CDD-168

Índices para catálogo sistemático:
1. Construção do argumento : Retórica : Lógica : Filosofia   168

Todos os direitos desta edição reservados à
Editora WMF Martins Fontes Ltda.
Rua Prof. Laerte Ramos de Carvalho, 133 01325-030 São Paulo SP Brasil
Tel. (11) 3293-8150 e-mail: info@wmfmartinsfontes.com.br
http://www.wmfmartinsfontes.com.br

Sumário

Prefácio IX
Introdução XI

I. Como compor um argumento curto 1
   Algumas regras gerais 1
   1 Distinção entre premissas e conclusão 1
   2 Apresente suas ideias numa ordem natural. 3
   3 Parta de premissas confiáveis 5
   4 Seja concreto e conciso 6
   5 Evite linguagem apelativa 6
   6 Use sempre os mesmos termos 8
   7 Atenha-se a um sentido para cada termo ... 9

II. Argumentos com exemplos 13
   8 Dê mais de um exemplo 14
   9 Use exemplos representativos 16
   10 Informação suplementar é fundamental ... 19
   11 Procure contraexemplos 21

III. Argumentos por analogia 25
   12 A analogia requer um exemplo cuja semelhança seja pertinente 28

IV. Argumentos de autoridade 31

13 Cite as fontes	32
14 Busque fontes abalizadas	33
15 Busque fontes imparciais	36
16 Compare as fontes	38
17 Ataques pessoais não desqualificam uma fonte	39

V. Argumentos sobre causas 41
   18 Explique de que modo a causa leva ao efeito   43
   19 Proponha a causa mais provável 45
   20 Nem sempre eventos correlacionados têm relação entre si 46
   21 Eventos correlacionados podem ter uma causa comum 47
   22 Qualquer um de dois eventos correlacionados pode causar o outro 49
   23 As causas podem ser complexas 50

VI. Argumentos dedutivos 53
   24 *Modus ponens* 54
   25 *Modus tollens* 56
   26 Silogismo hipotético 57
   27 Silogismo disjuntivo 59
   28 Dilema 60
   29 *Reductio ad absurdum* 62
   30 Argumentos dedutivos em várias etapas 63

VII. Como compor um ensaio argumentativo 69
   A. Como explorar o tema 69
      A1 Explore os argumentos de todos os lados da questão 70
      A2 Conteste e defenda as premissas de cada argumento 72
      A3 Repasse e repense os argumentos à medida que surgem 74

VIII. COMO COMPOR UM ENSAIO ARGUMENTATIVO 77
   B. Os pontos principais do ensaio 77
      B1 Explique a questão 77
      B2 Faça uma afirmação ou proposta clara.... 78
      B3 Desenvolva completamente seus argumentos 79
      B4 Considere as objeções 81
      B5 Considere alternativas 82
IX. COMO COMPOR UM ENSAIO ARGUMENTATIVO 85
   C. A redação 85
      C1 Siga seu esboço 85
      C2 Faça uma introdução breve 86
      C3 Apresente os argumentos um de cada vez 86
      C4 Explique, explique, explique 88
      C5 Sustente as objeções com argumentos ... 90
      C6 Não afirme mais do que demonstrou 91

X. FALÁCIAS 93
   As duas grandes falácias 93
   Algumas falácias clássicas 96

APÊNDICE: A DEFINIÇÃO 103
   D1. Quando os termos forem obscuros, seja específico 104
   D2. Quando os termos forem contestados, trabalhe a partir dos casos incontestes 106
   D3. Não espere que as definições façam o trabalho dos argumentos 110
PRÓXIMOS PASSOS 113

Prefácio

Este livro é uma breve introdução à arte de escrever e avaliar argumentos. Atém-se ao estritamente essencial. Tenho constatado que, muitas vezes, o que os alunos e escritores precisam é exatamente de uma lista de lembretes e regras, não de longas explicações introdutórias. Assim, diferentemente da maioria dos livros-texto sobre redação argumentativa ou "pensamento crítico", ele está organizado em torno de regras específicas, exemplificadas e explicadas de forma precisa mas, acima de tudo, breve. Não é um livro-texto, mas um livro de *regras*.

Descobri, também, que muitas vezes os professores gostariam de indicar um livro de regras que tratasse a matéria de modo que os alunos pudessem consultar e compreender sozinhos e que, portanto, não interferisse no tempo em sala de aula. Também por esse aspecto é importante que seja breve – a ideia é ajudar os estudantes a escrever um trabalho ou avaliar um argumento –, mas as regras devem ser expostas com suficiente clareza, de tal modo que o professor possa pura e simplesmente remeter o aluno à regra 6 ou à regra 16 em vez de escrever toda uma explicação às margens do trabalho de cada um. Breve mas autônomo – esta é a tênue linha que procurei seguir.

Também pode ser utilizado em cursos voltados especialmente para a argumentação. Deverá ser suplementado com exercícios e outros exemplos, mas já existem muitos textos disponíveis que consistem, em grande parte ou inteiramente, em exercícios e exemplos desse tipo. Estes *últimos*, entretanto, também precisarão ser suplementados – com o material que este livro oferece: regras simples para a construção de bons argumentos. É grande o número de estudantes que sai dos cursos de "pensamento crítico" sabendo tão-somente derrubar (ou, pelo menos, *identificar*) determinadas falácias. É muito comum não conseguirem explicar o que, exatamente, está errado, ou não saberem elaborar seus próprios argumentos. A lógica informal tem mais a oferecer: este livro é uma tentativa de mostrar isso.

Comentários e críticas são bem-vindos.

Anthony Weston
Agosto de 1986

Nota à terceira edição americana

Nesta reedição à passagem do milênio, a mudança mais digna de nota é o formato de regras dado ao capítulo das definições. Uma longa conversa com o professor Charles Kay, da Wofford College, leitor atento e mestre dedicado, convenceu-me a implementar esta e uma série de outras mudanças. Muitos exemplos foram atualizados ou aclarados. O generoso retorno dos leitores – numerosos demais para citá-los um a um – continua melhorando este opúsculo. Meus agradecimentos a todos.

A.W.
Maio de 2000

Introdução

PARA QUE ARGUMENTAR?

Há quem pense que argumentar é simplesmente expor seus preconceitos de forma diferente. Por isso muita gente acha que as argumentações são desagradáveis ou inúteis. Uma das acepções que os dicionários dão para o termo "argumento" é "disputa". Nesse sentido, às vezes dizemos que duas pessoas "*vivem* argumentando": enfrentando-se em pugilato verbal. Isso é comum. Mas argumentar não é exatamente isso.

Neste livro, "argumentar" significa *apresentar um conjunto de razões ou provas que fundamentam uma conclusão*. Aqui, um argumento *não* é meramente a afirmação de certos pontos de vista, e não é pura e simplesmente uma disputa. Os argumentos são tentativas de fundamentar determinados pontos de vista com razões. Nesse sentido, aliás, argumentar também não é inútil; com efeito, é essencial.

O argumento é essencial, em primeiro lugar, porque é uma maneira de tentar descobrir quais pontos de vista são melhores que outros. Nem todos os pontos de vista são iguais. Algumas conclusões podem estar fundamentadas

XII \ A construção do argumento

em boas razões; outras têm fundamentação bem mais frágil. Porém, muitas vezes, não sabemos diferenciar uma coisa da outra. É preciso tentar conhecer os argumentos que apoiam conclusões diferentes e, em seguida, avaliá-los para ver até que ponto são realmente consistentes.

Nesse sentido, o argumento é um meio de *investigação*. Alguns pensadores e ativistas argumentam, por exemplo, que a criação intensiva de gado para fins de corte provoca imenso sofrimento aos animais e, portanto, é injustificada e imoral. Estarão certos? Não podemos responder a isso com base em opiniões preconcebidas. O assunto envolve muitas questões. Temos obrigações morais para com as outras espécies, por exemplo, ou somente o sofrimento humano é realmente mau? Até que ponto os seres humanos podem viver bem sem carne? Alguns vegetarianos conseguiram atingir idades muito avançadas. Isso prova que a dieta vegetariana é mais saudável? Ou é irrelevante quando lembramos que alguns não-vegetarianos também atingiram idades muito avançadas? (Podemos avançar um pouco mais perguntando se uma porcentagem *maior* de vegetarianos atinge idade avançada.) Ou será que pessoas mais saudáveis tendem a se tornar vegetarianas, e não o contrário? Todas essas perguntas precisam ser consideradas com atenção, e as respostas não são claras *a priori*.

Argumentar é essencial também por outro motivo. Depois que chegamos a uma conclusão bem fundamentada em razões, o argumento a explica e *defende*. Um bom argumento não se limita a repetir conclusões. Em verdade, ele oferece razões e provas para que outras pessoas possam formar suas opiniões por si mesmas. Se você estiver convencido de que deveríamos realmente mudar a forma de criar e dispor dos animais, por exemplo, terá de se valer de argumentos para explicar como chegou a essa conclusão.

É assim que poderá convencer outras pessoas: apresentando as razões e provas que *o* convenceram. Não é errado ter opiniões firmes. O erro é não ter nada além disso.

PARA ENTENDER OS ENSAIOS ARGUMENTATIVOS

As regras de um argumento, portanto, não são arbitrárias; têm um objetivo específico. Mas o estudante (assim como outros autores) nem sempre compreende esse objetivo quando recebe a incumbência de escrever ensaios argumentativos – e, se alguém não compreende os objetivos de um trabalho, é improvável que se saia bem. Muitos estudantes, quando se pede que defendam seus pontos de vista sobre algum tema, produzem elaboradas *afirmações* desses pontos de vista, mas não apresentam, de fato, nenhuma *justificativa* que os tenha levado a crer que seus pontos de vista estão corretos.

Trata-se de um equívoco natural. No ensino médio, dá-se ênfase ao aprendizado de temas razoavelmente definidos e isentos de dúvida. Não é preciso *argumentar* que a Constituição dos Estados Unidos prevê a divisão do governo em três poderes ou que Shakespeare escreveu *Macbeth*. Basta ter o conhecimento desses fatos, e seu trabalho terá apenas de citá-los.

Os estudantes muitas vezes chegam à faculdade esperando que continue sendo assim. Mas muitos cursos superiores – sobretudo os que exigem trabalhos escritos – têm outro objetivo. Sua preocupação é a *fundamentação* de nossas crenças; exigem que os alunos questionem suas crenças, elaborem e defendam suas opiniões. Os temas discutidos no ensino superior nem sempre são tão definidos e certos. Sim, a Constituição prevê um governo subdividido em três poderes, mas o Supremo Tribunal deve realmente ter poder de veto sobre os outros dois poderes? Sim, Shakespeare escreveu *Macbeth*, mas qual é o significado da peça? Razões e provas podem ser apresentadas para diferentes respostas. Espera-se que os alunos aprendam a pensar por si próprios, a formar sua própria opinião com responsabilidade. A capacidade de defender nossos pontos de vista é uma medida dessa aptidão, e por isso os ensaios argumentativos são tão importantes.

Com efeito, como explicam os Capítulos VII a IX, para redigir um bom ensaio argumentativo devemos empregar os argumentos não só como meio de investigação *mas também* como forma de explicar e defender nossas conclusões. Devemos preparar-nos para o trabalho examinando os argumentos apresentados pelos lados antagônicos. Em seguida, o próprio ensaio deverá ser redigido como um argumento, no qual justificaremos nossas conclusões e faremos uma avaliação crítica dos argumentos apresentados pelos lados antagônicos.

COMO SE ORGANIZA ESTE LIVRO

Começamos discutindo argumentos bastante simples e, no final, tratamos dos ensaios argumentativos.

Os Capítulos I a VI tratam da redação e da avaliação de argumentos *curtos*. O argumento "curto" caracteriza-se por apresentar suas razões e provas de forma breve, geralmente em poucas linhas ou num parágrafo.

Começamos com argumentos curtos por diversas razões. Primeiro, eles são comuns. Na verdade, tão comuns que fazem parte das conversas do dia-a-dia. Segundo, os argumentos longos são muitas vezes elaborações de argumentos curtos, ou o encadeamento de uma série de argumentos curtos. Se você aprender primeiro a redigir e avaliar argumentos curtos, poderá então expandir essa técnica para escrever ensaios argumentativos.

Uma terceira razão para começarmos com argumentos curtos é que eles são o melhor exemplo tanto das formas comuns de argumento como dos erros de argumentação mais frequentes. Nos argumentos longos, é mais difícil identificar as questões principais – e os principais problemas. Portanto, embora algumas das regras pareçam óbvias quando enunciadas pela primeira vez, lembre-se que você está sendo favorecido por um exemplo simples. Há regras difíceis de entender mesmo nos argumentos curtos.

Os Capítulos VII, VIII e IX são dedicados aos ensaios argumentativos. O Capítulo VII fala do primeiro passo: debruçar-se sobre a questão. O Capítulo VIII esboça os principais pontos de um ensaio argumentativo, e o Capítulo IX acrescenta regras específicas sobre como escrevê-lo. Todos esses capítulos dependem dos Capítulos I a VI, já que um ensaio argumentativo, fundamentalmente falando, combina e desenvolve os tipos de argumentos curtos discutidos nos Capítulos I a VI. Não vá direto, portanto, para os capítulos sobre ensaios argumentativos, mesmo que tenha procurado este livro para ajudá-lo a escrever um ensaio. Ele é pequeno e permite que você leia na íntegra os capítulos anteriores ao VII; assim, você terá as ferramentas de que precisa para fazer bom uso dos capítulos seguintes. Recomenda-se aos professores abordar os Capítulos I a VI no início do período letivo e os Capítulos VII a IX no momento de preparar os ensaios.

XVI \ *A construção do argumento*

O Capítulo X trata das falácias, dos argumentos capciosos. Resume os erros mais comuns discutidos no livro e termina com uma lista de diversos argumentos capciosos que, de tão tentadores e frequentes, receberam até mesmo um nome próprio. O Apêndice apresenta algumas regras para elaborar e avaliar definições.

I. Como compor um argumento curto

ALGUMAS REGRAS GERAIS

O Capítulo I apresenta algumas regras gerais para a elaboração de argumentos curtos. Os Capítulos II a VI discutem *tipos* específicos de argumentos curtos.

1. Distinção entre premissas e conclusão

O primeiro passo para se compor um argumento é perguntar: O que você quer provar? Qual é a sua conclusão? Lembre-se que conclusão é a asserção para a qual você está apresentando razões. As asserções que lhe fornecem razões são chamadas *premissas*.

Considere o seguinte gracejo de Winston Churchill:

> Seja otimista. Não adianta muito ser outra coisa.

Trata-se de um argumento porque Churchill está dando uma *razão* para o otimismo: sua premissa é que "não adianta muito ser outra coisa".

A premissa e a conclusão de Churchill são óbvias, mas nem sempre as conclusões parecem tão óbvias antes que se evidenciem. Sherlock Holmes tem de explicar uma de suas conclusões-chave em *The Adventure of Silver Blaze* [A aventura de Silver Blaze]:

Havia um cachorro nos estábulos, e, mesmo assim, embora alguém tenha estado lá e levado um cavalo, o animal não latiu. É evidente que o visitante era alguém que o cachorro conhecia bem...

Holmes trabalha com duas premissas. Uma é clara: o cachorro não latiu para o visitante. A outra é uma característica dos cães que ele presume que seja do nosso conhecimento: latir na presença de estranhos. Juntas, essas premissas indicam que o visitante não era um desconhecido.

Quando usamos argumentos como um meio de *investigação*, conforme descrito na Introdução, às vezes é possível começar apenas com a conclusão que desejamos defender. Antes de mais nada, formule-a claramente. Se você quiser concordar com Churchill e argumentar que devemos realmente ser otimistas, diga isso com clareza. Então, pergunte a si mesmo que razões você tem para chegar a essa conclusão. Que razões você pode oferecer para provar que devemos ser otimistas?

Você pode apelar para a autoridade de Churchill: se Churchill diz que devemos ser otimistas, quem somos nós para contestar? Esse apelo, porém, não irá levá-lo muito longe, já que provavelmente há outras pessoas famosas que preconizam o pessimismo. Você tem de pensar a respeito com a sua própria cabeça. Portanto, qual é a *sua* razão para acreditar que devemos ser otimistas?

Talvez você pense que o otimismo dê mais energia para batalhar pelo sucesso, enquanto os pessimistas se sentem derrotados de antemão e nem sequer chegam a tentar. Assim, você terá uma razão principal: os otimistas têm maior probabilidade de êxito, de alcançar suas metas. (Talvez tenha sido isso que Churchill quis dizer.) Se for essa a sua razão, diga com clareza.

Quando tiver terminado de ler o livro, terá ao seu dispor uma lista de muitas das diversas formas que os argumentos podem assumir. Use-as para desenvolver suas premissas. Para defender uma generalização, por exemplo, veja o Capítulo II. Nele, você será lembrado que é preciso dar uma série de exemplos como premissas, e verá que tipos de exemplos deverão ser buscados. Se a sua conclusão exigir um argumento dedutivo como os que se encontram explicados no Capítulo VI, as regras discutidas nesse capítulo informarão os tipos de premissas de que você necessita. Você talvez tenha que experimentar vários argumentos diferentes antes de encontrar um que seja eficaz.

2. Apresente suas ideias numa ordem natural

Os argumentos curtos, em geral, são escritos em um ou dois parágrafos. Comece pela conclusão seguida das razões, ou apresente primeiro as premissas e chegue à conclusão no final. Seja qual for o caso, organize suas ideias numa sequência que revele sua linha de raciocínio do modo mais natural para o leitor. Considere este argumento curto de Bertrand Russell:

> Os males do mundo devem-se às mazelas morais tanto quanto à falta de inteligência. Mas a raça humana até hoje não descobriu nenhum método de erradicação das mazelas morais... A inteligência, ao contrário, pode ser facilmente aprimorada graças a métodos que são do conhecimento de todo educador competente. Portanto, até que se descubra algum método para ensinar a virtude, teremos de buscar o progresso mediante o aprimoramento da inteligência, e não do adiantamento moral.*

---

* *Skeptical Essays* (1935; reimpressão, Londres: Allen e Unwin, 1977), p. 127.

4 \ *A construção do argumento*

Cada asserção nessa passagem leva naturalmente à seguinte. Russell começa apontando as duas causas do mal no mundo: as "mazelas morais", no dizer dele, e a falta de inteligência. Em seguida, afirma que não sabemos como corrigir as "mazelas morais", mas sabemos corrigir a falta de inteligência. Portanto – e observe que a palavra "portanto" marca claramente a conclusão dele – o progresso terá de vir pelo aprimoramento da inteligência.

Cada frase desse argumento está exatamente no lugar certo. Havia muitos lugares errados possíveis. Suponhamos que Russell tivesse escrito isto:

> Os males do mundo devem-se às mazelas morais tanto quanto à falta de inteligência. Até que se descubra algum método que ensine a virtude, teremos de buscar o progresso mediante o aprimoramento da inteligência, e não do adiantamento moral. A inteligência pode ser facilmente aprimorada graças a métodos que são do conhecimento de todo educador competente. Mas a raça humana até hoje não descobriu nenhum método de erradicação das mazelas morais.

Trata-se exatamente das mesmas premissas e conclusão, mas a ordem está diferente, e omitiu-se a palavra "portanto" antes da conclusão. Agora, o argumento está *muito* mais difícil de entender. As premissas não se encadeiam de forma natural, e é preciso ler a passagem duas vezes somente para identificar a conclusão. Não espere que seu leitor seja tão paciente.

Devemos estar preparados para reorganizar nosso argumento diversas vezes até encontrar a ordem mais natural. As regras discutidas neste livro deverão ajudá-lo. Você poderá aplicá-las não só para reconhecer as premissas de que necessita, mas também para organizá-las na ordem mais natural possível.

3. Parta de premissas confiáveis

Por melhor que seja a sua argumentação *desde* a premissa até a conclusão, esta será frágil se as premissas forem frágeis.

> Ninguém hoje no mundo está realmente feliz. Portanto, quer parecer que os seres humanos simplesmente não foram feitos para a felicidade. Por que deveríamos aspirar a algo que jamais poderemos encontrar?

A premissa desse argumento é a afirmação de que ninguém hoje no mundo está realmente feliz. Pergunte a si mesmo se essa premissa é plausível. *Ninguém* hoje no mundo está realmente feliz? No mínimo, tal premissa precisa de uma defesa, e, muito provavelmente, ela simplesmente não é verdadeira. Esse argumento, assim, não é capaz de mostrar que os seres humanos não foram feitos para a felicidade, ou que não deveríamos aspirar a ser felizes.

Às vezes, é fácil partir de premissas confiáveis. Podemos ter à mão exemplos bem conhecidos ou autoridades bem informadas entre as quais há um evidente consenso. Outras vezes, é mais difícil. Se você não estiver seguro da confiabilidade de uma premissa, pode ser necessário fazer uma pesquisa e/ou apresentar um argumento curto para a premissa em si. (Voltaremos a esse tema nos últimos capítulos, em especial na Regra A2 do Capítulo VII.) Se você constatar que *não é possível* argumentar adequadamente a partir de sua(s) premissa(s), então, é claro, terá de voltar à estaca zero e tomar outro caminho!

4. Seja concreto e conciso

Evite termos abstratos, vagos ou genéricos. "Caminhamos durante horas debaixo do sol" é cem vezes melhor do que "Foi um longo período de esforço extenuante". Seja também conciso. Pedantismo vazio só faz confundir a todos – até mesmo quem escreve – em meio à profusão de palavras.

NÃO:
Para aqueles cuja função precípua dizia respeito à prestação de serviços, diferentemente das responsabilidades assumidas pelo líder, o padrão mais importante parece ter sido uma reação às obrigações invocadas pelo líder, obrigações estas concomitantes ao *status* de membro da comunidade societária e a várias de suas unidades segmentares. A analogia moderna mais próxima é o serviço militar desempenhado pelo cidadão comum, ressalvando-se o fato de que o líder da burocracia egípcia não precisava de uma emergência especial para invocar obrigações legítimas.*

SIM:
No antigo Egito, a população comum estava sujeita a ser convocada para trabalhar.

5. Evite linguagem apelativa

Não tente promover o seu argumento zombando do outro lado ou distorcendo o que ele diz. Em geral, as pes-

---

* Essa passagem foi retirada de Talcott Parsons, *Societies: Evolutionary and Comparative Perspectives* (Englewood Cliffs, NJ: Prentice Hall, 1966), p. 56. Devo o excerto e a versão reformulada, que se segue, a Stanislas Anderski, *Social Sciences as Sorcery* (Nova York: St. Martin's Press, 1972), Capítulo 6.

soas defendem uma posição por razões sérias e sinceras. Procure entender o ponto de vista delas – tente entendê-lo *de verdade* – mesmo discordando por completo. Uma pessoa que critica uma nova tecnologia não é a favor de "voltar para as cavernas", por exemplo, e uma pessoa que acredita na evolução não está dizendo que a avó dela era um macaco. Se você não consegue imaginar como uma pessoa é capaz de sustentar o ponto de vista que você está atacando, é porque ainda não conseguiu entendê-lo.

De modo geral, evite toda linguagem cuja única motivação seja apelar à emoção. Isso é "linguagem apelativa".

Depois de ter permitido, de forma tão lamentável, que o transporte ferroviário de passageiros, outrora motivo de orgulho, caísse no esquecimento, os Estados Unidos têm agora o dever de honra de revitalizá-lo!

Isso foi escrito com a intenção de ser um argumento em prol da retomada de (mais) transporte de passageiros em ferrovias. Mas não se apresenta nada de concreto a favor dessa conclusão, apenas algumas palavras de forte carga emocional – lugares-comuns, inclusive, como os que utilizam os políticos que falam sem pensar. O transporte ferroviário de passageiros "caiu no esquecimento" por causa de alguma coisa que os "Estados Unidos" fizeram ou deixaram de fazer? O que houve de "lamentável" nisso? Muitas instituições "outrora motivo de orgulho", afinal, se desagregam – não temos a obrigação de recuperar todas. O que significa dizer que os Estados Unidos "têm agora o dever de honra" de fazer isso? Alguma promessa foi feita e depois quebrada? Quem fez isso?

Não duvido de que há muita coisa a dizer em favor da revitalização do transporte ferroviário de passageiros, sobretudo nessa época em que o custo ecológico e econômico das rodovias está se tornando monstruoso. O problema é que o argumento não diz isso. Deixa que a conotação das palavras faça todo o trabalho e, portanto, não faz, em verdade, trabalho nenhum. Somos deixados exatamente no mesmo ponto em que começamos. Quando for a sua vez, atenha-se aos dados concretos.

6. Use sempre os mesmos termos

Os argumentos dependem da conexão cristalina entre as premissas e entre as premissas e a conclusão. Por esse motivo, é fundamental fazer uso de um repertório unificado e coeso de termos para cada ideia.

NÃO:
Se estudar outras culturas, você se dará conta da diversidade de costumes humanos. Se compreender a diversidade das práticas sociais, questionará os próprios costumes. Se duvidar da sua maneira de fazer as coisas, se tornará mais tolerante. Portanto, se expandir seu conhecimento antropológico, será mais provável que você aceite as outras pessoas e suas práticas sem criticá-las.

SIM:
Se estudar outras culturas, você se dará conta da diversidade de costumes humanos. Se compreender a diversidade de costumes humanos, questionará os próprios costumes. Se questionar os próprios costumes, se tornará mais tolerante. Portanto, se estudar outras culturas, você se tornará mais tolerante.

Observe que, nas duas versões, cada período obedece à forma "Se X, [então] Y". Agora, porém, note as diferenças.

A segunda versão ("SIM") é cristalina – porque o Y de cada premissa é exatamente o X da seguinte. O Y da primeira é exatamente o X da segunda, o Y da segunda é exatamente o X da terceira, e assim por diante. (Volte lá e dê uma olhada.) É por isso que o argumento é tão fácil de ler e entender: ele forma uma espécie de corrente.

Na primeira versão ("NÃO"), no entanto, o Y da primeira premissa é apenas vagamente o X da segunda, o Y da segunda premissa é apenas vagamente o X da terceira, e assim por diante. Ali, cada X e Y está escrito como se o autor tivesse consultado um dicionário de sinônimos a cada passo. "Mais tolerante", na terceira premissa, por exemplo, vem escrito como "mais provável que você aceite as outras pessoas e suas práticas sem criticá-las" na conclusão. Desse modo, o argumento perde a óbvia conexão entre suas partes, responsável pela clareza e pela força persuasiva. O autor se exibe, mas o leitor – que não tem o privilégio de conhecer a estrutura do argumento desde o princípio – fica confuso.

7. Atenha-se a um sentido para cada termo

Alguns argumentos abandonam o sentido de um termo e adotam outro para fazer valer seu ponto de vista. Trata-se da clássica falácia da *ambiguidade*:

> Mulheres e homens são física e emocionalmente diferentes. Os sexos, assim, *não* são "iguais", e, portanto, a lei não deveria partir do pressuposto de que somos!

Esse argumento pode parecer plausível à primeira vista, mas, entre a premissa e a conclusão, houve alternância entre dois sentidos muito diferentes do termo "igual". É verdade, os sexos não são física nem emocionalmente "iguais" quando "igual" quer dizer simplesmente "idêntico". "Igualdade" perante a *lei*, porém, não significa "física e emocionalmente idênticos", mas "possuidores dos mesmos direitos e oportunidades". Reformulando-se, portanto, o argumento, a fim de deixar mais claros os dois sentidos de "igual", ele ficaria assim:

> Mulheres e homens não são física nem emocionalmente idênticos. Portanto, mulheres e homens não devem ter os mesmos direitos e oportunidades.

Essa versão do argumento não incorre na ambiguidade do termo "igual", mas ainda não constitui um bom argumento; temos apenas o inadequado argumento original, só que dessa vez a inadequação é evidente. Uma vez desfeita a ambiguidade, fica claro que a conclusão do argumento não se apoia na premissa, nem sequer guarda relação com ela. Não se apresenta nenhuma razão para provar que as diferenças físicas e emocionais devem ser levadas em conta quando se trata de direitos e oportunidades.

Às vezes, somos tentados a usar termos equívocos, tornando *imprecisa* uma palavra-chave. Observe o diálogo que segue:

> A: Todo o mundo não passa de um bando de egoístas!
> B: Mas, e o João? Veja como ele é dedicado aos filhos!
> A: Ele só está fazendo o que quer fazer – isso continua sendo egoísmo!

Aqui, o sentido de "egoísta" muda entre a primeira afirmação e a segunda afirmação de A. Na primeira afirmação, entendemos que "egoísta" quer dizer algo bastante específico: o comportamento interesseiro, egocêntrico, que normalmente chamamos de "egoísta". Na sua resposta à objeção de B, A amplia o sentido de "egoísta" para incluir comportamentos claramente não-egoístas, alargando a definição para abranger quem "só faz o que quer fazer". A manteve apenas o *termo*; mas este perdeu seu sentido original.

Uma boa forma de evitar a ambiguidade é *definir* com clareza todos os termos-chave no momento em que eles ocorrem pela primeira vez. Então, esforce-se para aplicá-los sempre de acordo com essa definição! Também pode ser necessário definir termos especiais ou técnicos. Consulte o Apêndice para uma discussão sobre o processo e as armadilhas das definições.

II. Argumentos com exemplos

Os *argumentos com exemplos* apresentam um ou mais exemplos específicos para apoiar uma generalização.

As mulheres antigamente se casavam muito cedo. Julieta, em *Romeu e Julieta*, de Shakespeare, não tinha nem quatorze anos. Na Idade Média, treze anos era uma idade normal para o casamento das judias. E, no Império Romano, muitas romanas se casavam com treze anos ou menos.

Esse argumento generaliza a partir de três exemplos – Julieta, judias na Idade Média e romanas no Império Romano – para abarcar "muitas" ou a *maioria* das mulheres de antigamente. Para mostrar a forma desse argumento de modo mais claro, podemos listar as premissas em separado, com a conclusão na última linha:

Julieta na peça de Shakespeare não tinha nem quatorze anos.
Judias na Idade Média casavam-se normalmente aos treze anos.
Muitas romanas no Império Romano casavam-se com treze anos ou menos.
Portanto, muitas mulheres antigamente se casavam muito cedo.

Organizarei os argumentos curtos desse modo com frequência, sempre que for importante visualizar exatamente como eles funcionam.

Quando é que premissas dessa natureza são adequadas para apoiar uma generalização?

Uma das exigências, evidentemente, é que os exemplos sejam corretos. Lembre-se da Regra 3: Um argumento deve partir de premissas confiáveis! Se Julieta *não* tivesse por volta de quatorze anos, ou se a maioria das mulheres romanas ou judias *não* se casasse com treze anos ou menos, então o argumento seria bem mais fraco, e, se nenhuma das premissas tem fundamento, simplesmente não existe argumento. Para verificar a correção dos exemplos apresentados num argumento ou encontrar bons exemplos para formular seu próprio argumento, pode ser necessário fazer uma pesquisa.

Mas suponhamos que os exemplos *sejam* corretos. Generalizar a partir deles continua sendo manobra delicada. O Capítulo II apresenta uma pequena lista de itens que ajudam a avaliar argumentos com exemplos – sejam próprios ou de terceiros.

8. Dê mais de um exemplo

Pode-se usar às vezes um exemplo isolado para fins de *ilustração*. O exemplo de Julieta, por si só, poderia servir para dar uma ideia do casamento antigo. Mas os exemplos isolados não fornecem praticamente nenhuma *base* para a generalização. É preciso dar mais de um exemplo.

NÃO:
    O direito da mulher ao voto foi conquistado após muita luta.

Portanto, todos os direitos das mulheres foram conquistados após muita luta.

SIM:
O direito da mulher ao voto só foi conquistado após muita luta.
O direito de a mulher frequentar faculdades e universidades só foi conquistado após muita luta.
O direito da mulher a oportunidades de emprego iguais só está sendo conquistado após muita luta.
Portanto, todos os direitos das mulheres só são conquistados após muita luta.

Em uma generalização sobre um repertório pequeno de coisas, o melhor argumento deverá contemplar todos, ou praticamente todos, os exemplos. Uma generalização sobre todos os presidentes americanos desde Kennedy deverá contemplá-los um a um. Do mesmo modo, o argumento segundo o qual os direitos das mulheres sempre exigiram muita luta deverá contemplar todos, ou quase todos, os direitos mais relevantes.

As generalizações sobre repertórios mais vastos de coisas exigem que se escolha uma "amostragem". Sem dúvida, não podemos listar todas as mulheres que, antigamente, casaram-se jovens; em vez disso, nosso argumento deve apresentar algumas mulheres como exemplos das demais. O número de exemplos necessários dependerá em parte da representatividade deles, aspecto que será discutido na Regra 9. Também dependerá em parte do tamanho do universo sobre o qual está sendo feita a generalização. Num universo imenso, normalmente são necessários mais exemplos. A alegação de que a sua cidade tem inúmeras pessoas notáveis exige mais dados concretos do que a afirmação de que, digamos, os seus *amigos* são pessoas notáveis. Dependendo de quantos amigos você tiver, até mesmo dois ou três exemplos podem ser suficientes para demonstrar que são pessoas notáveis; mas, a menos que a sua cidade seja minúscula, muitos mais exemplos serão necessários para demonstrar que ela está cheia de pessoas notáveis.

9. Use exemplos representativos

Até mesmo um número elevado de exemplos pode representar mal o universo sobre o qual está sendo feita a generalização. Um elevado número de exemplos de romanas, por exemplo, poderia demonstrar muito pouco sobre as mulheres em geral, uma vez que as romanas não são necessariamente representativas das mulheres em outras partes do mundo. O argumento precisa levar em conta também mulheres de outras partes do mundo.

> Todo o mundo no meu bairro apoia McGraw para presidente. Portanto, a vitória de McGraw é certa.

Esse argumento é fraco porque este ou aquele bairro raramente representa a população votante como um todo. Um bairro rico pode favorecer um candidato antipático para todo o restante da população. Os estudantes nas cidades universitárias normalmente votam em massa em candidatos que têm desempenho fraco em outros lugares. Além disso, é raro encontrar dados concretos até mesmo sobre as tendências dentro de um bairro. O universo de pessoas que põem placas no jardim e usam adesivos nos carros (e cujos gramados são visíveis das ruas de maior movimento ou que dirigem e/ou estacionam regularmente em lugares expostos) pode perfeitamente representar uma parcela muito pequena do bairro.

Um *bom* argumento que diga que "a vitória de McGraw é certa" exige uma amostragem representativa de toda a população votante. Não é fácil chegar a uma amostragem desse tipo. As pesquisas de opinião pública, por exemplo, elaboram suas amostragens com muito cuidado. Aprenderam do modo mais difícil. Em 1936, o *Literary Digest* promoveu a primeira pesquisa de opinião pública de grande escala, prevendo o resultado da corrida presidencial entre Roosevelt e Landon. Assim como acontece hoje, os nomes foram retirados das listas telefônicas e também de cadastros de registro de automóveis. O número de pessoas ouvidas sem dúvida não foi insuficiente: mais de dois milhões de "cédulas" foram contabilizados. A pesquisa previu a vitória de Landon por ampla margem. Roosevelt, porém, venceu sem dificuldade. Hoje, é fácil ver o que deu errado. Em 1936, apenas uma parcela seleta da população possuía telefone e carro. A amostragem privilegiava fortemente os eleitores ricos da cidade, a maior parte dos quais apoiava Landon*.

De lá para cá, as pesquisas melhoraram. Mesmo assim, há dúvidas quanto à representatividade das amostragens, sobretudo quando são pequenas. Quase todo o mundo hoje tem telefone, isso é certo, mas algumas pessoas têm mais de um; muitas outras não têm o número na lista; alguns números representam toda uma família de eleitores, outros apenas um; algumas pessoas se recusam a falar com os pesquisadores; e assim por diante. As-

....
* Mildred Parten, *Surveys, Polls, and Samples* (Nova York: Harper and Row, 1950), pp. 25, 290, 393-5. Parten também mostra que a probabilidade de a população de baixa renda receber as "cédulas" era menor que entre os ricos e, por isso, era menor também a probabilidade de que as devolvessem.

sim, mesmo amostragens cuidadosamente selecionadas podem não ser representativas. Muitas das melhores pesquisas, por exemplo, erraram fragorosamente nas eleições presidenciais de 1980.

A representatividade de toda e qualquer amostragem, assim, é sempre, em alguma medida, incerta. Tenha esse risco em mente! Procure amostragens que representem a totalidade da população sobre a qual é feita a generalização. Se você quiser saber quanto tempo as crianças passam em frente à TV, não pesquise apenas quem frequenta a terceira série primária na escola pública da sua região. Se quiser saber o que as pessoas em outros países pensam sobre os Estados Unidos, não pergunte apenas aos turistas.

Faça a sua pesquisa. Julieta, por exemplo, é uma única mulher. Seria lícito que representasse as mulheres de sua época e lugar? Na peça de Shakespeare, por exemplo, a mãe de Julieta lhe diz:

> Pois estamos na época de pensar em casamento. Mais jovens do que vós, aqui em Verona, senhoras de respeito, já são mães. Se não me engano, vossa mãe tornei-me com a mesma idade em que ainda sois donzela.
>
> (1.3.69-73)

Essa passagem indica que o casamento de Julieta aos quatorze anos não foi exceção; com efeito, quatorze parece ser inclusive uma idade um pouco avançada para isso.

Ao formular um argumento próprio, não se baseie apenas nos exemplos que lhe ocorrem no momento. Os exemplos que nos ocorrem assim de súbito serão, provavelmente, tendenciosos. Portanto, procure ler a respeito, reflita com calma na amostragem mais apropriada e adote uma postura honesta procurando exemplos contrários (Regra 11).

10. Informação suplementar é fundamental

Muitas vezes precisamos de *informação suplementar* para poder avaliar um universo de exemplos.

> Seja mais um cliente da Slapdash Serviços – já possuímos dezenas de clientes inteiramente satisfeitos na sua região!

A Slapdash pode de fato contar com "dezenas" de clientes "inteiramente" satisfeitos em sua região – embora seja comum fazer esse tipo de alegação sem nada que a comprove – mas você também precisa saber quantas pessoas na região *experimentaram* a Slapdash. Se mil pessoas a experimentaram e duas dezenas ficaram satisfeitas, então, embora realmente haja "dezenas" de clientes satisfeitos, a Slapdash satisfaz apenas 2% de seus clientes. Procure outra empresa.

Eis outro exemplo.

> A área do "Triângulo das Bermudas", próxima das Bermudas, ficou famosa porque ali muitos navios e aviões desapareceram misteriosamente. Houve várias dezenas de desaparecimentos somente na última década.

Sem dúvida. Mas "várias dezenas" de um total de quantos navios e aviões que *atravessaram* essa região? Várias dezenas ou várias dezenas de milhares? Se apenas várias dezenas desapareceram de um total de (digamos) vinte mil, então a taxa de desaparecimento no Triângulo das Bermudas pode muito bem ser normal ou até mesmo baixa – certamente nada misteriosa.

Pense quantas vezes, ao comprar um carro ou escolher uma escola, somos influenciados pelos relatos de alguns poucos amigos ou por uma ou duas experiências que nós mesmos vivemos. Ouvir falar que a cunhada de alguém passou por maus bocados com um Volvo é suficiente para nos demover da ideia de comprar um Volvo – muito embora a *Consumer Reports* afirme que o Volvo é, em geral, um automóvel muito confiável. Permitimos que um único exemplo eloquente tenha mais peso que a análise e a comparação cuidadosas de milhares de fichas de conserto. Richard Nisbett e Lee Ross chamam esse argumento de "pessoa que"*: "Conheço uma *pessoa que* fumou três maços de cigarro por dia e viveu até os 100 anos" ou "Conheço uma *pessoa que* teve um Volvo que só dava despesa". Trata-se quase sempre de uma falácia. Conforme Nisbett e Ross ressaltam, um carro que só dá despesa muda muito pouco as estatísticas de frequência de reparos.

Assim, para avaliar um repertório de exemplos, é muitas vezes necessário considerar a *frequência* com que ocorrem. Do mesmo modo, quando um argumento apresenta taxas e porcentagens, a informação suplementar que deve ser obtida é o *número* de exemplos. O roubo de carros pode ter aumentado em 100%, mas, se isso significa que dois carros foram roubados em vez de apenas um, não houve grande mudança.

Eis um último exemplo:

> Depois daquela época em que algumas universidades conhecidas como verdadeiros celeiros de atletas foram acusadas de explorar seus alunos esportistas, deixando que

---

*Ver *Human Inference: Strategies and Shortcomings of Social Judgment* (Englewood Cliffs, NJ: Prentice Hall, 1980), p. 61. Na verdade, eles chamam esse argumento de "homem que"; eu universalizei a expressão.

fossem reprovados após expirado o prazo para sua convocação, aumentou a taxa de conclusão de curso entre os atletas universitários. Em muitas escolas, o índice de graduação é superior a 50%.

Cinquenta por cento, hein? Impressionante! Mas essa porcentagem, à primeira vista tão convincente, não chega a cumprir a função que se propõe.

Primeiro, embora o índice de graduação de atletas seja superior a 50% em "muitas" escolas, não é assim em todas – portanto, essa estatística pode deixar de fora exatamente as escolas mais exploradoras, aquelas que eram motivo de preocupação.

Segundo, seria útil confrontarmos o índice de graduação "superior a 50%" com o índice de graduação de *todos* os alunos nas mesmas instituições. Se o primeiro for significativamente menor, os atletas ainda estarão recebendo tratamento injusto.

Finalmente, e talvez o mais importante, esse argumento não apresenta nenhuma razão para acreditarmos que os índices de graduação de atletas universitários estão de fato *melhorando* – porque não é apresentada nenhuma *comparação* com índices anteriores. Talvez tenhamos a impressão de que os índices de graduação dos atletas eram menores; mas, sem conhecer os índices anteriores, é impossível dizer!

11. Procure contraexemplos

Procure testar as generalizações perguntando se há contraexemplos.

A Guerra do Peloponeso foi causada pelo desejo ateniense de dominar a Grécia.

As Guerras Napoleônicas foram causadas pelo desejo de Napoleão de dominar a Europa.
A Segunda Guerra Mundial foi causada pelo desejo dos fascistas de dominar a Europa.
Assim, em geral, as guerras são causadas pelo desejo de dominação territorial.

Será, entretanto, que *todas* as guerras são causadas pelo desejo de dominação territorial? Ou essa generalização vai muito além dos exemplos que oferece?

Com efeito, existem contraexemplos. As revoluções, por exemplo, têm causas muito diferentes. As guerras civis também.

Se você for pensar em contraexemplos para uma generalização que queira defender, repense a generalização. Se o argumento acima fosse seu, por exemplo, você poderia mudar a conclusão para "As guerras *entre Estados independentes* são causadas pelo desejo de dominação territorial". Até mesmo isso pode ser um excesso de generalização, mas, pelo menos, é mais defensável que a versão original.

Outras vezes, você pode pôr em discussão o suposto contraexemplo. A Primeira Guerra Mundial, alguém poderia objetar, parece ter sido causada não pelo desejo de dominação territorial, mas por uma rede de pactos de defesa mútua e outras intrigas políticas, pela inquietação das altas classes europeias, pelos distúrbios nacionalistas na Europa Oriental, e assim por diante. Diante desse exemplo, você poderia, evidentemente, desistir por completo da sua proposição ou enfraquecê-la ainda mais. Outro modo de reagir, porém, é argumentar que o suposto contraexemplo na verdade corrobora a generalização. Afinal (você poderia argumentar), o desejo de domínio sobre a Europa, que empolgava os poderosos da região, foi o *motivo* para os pactos de defesa mútua e outras intrigas que deflagraram por fim a guerra. E os distúrbios nacionalistas, por sua vez, não poderiam ter sido causados por uma dominação injusta que estivesse acontecendo naquele momento? Aqui, com efeito, você está tentando reinterpretar o *contra*exemplo como mais um *exemplo*. O que antes era uma crítica à sua conclusão se transforma em mais uma peça a comprová-la. Você pode mudar, ou deixar intocada, a formulação da conclusão: seja como for, agora entende melhor a proposição e está preparado para responder a uma importante objeção.

Tente pensar em contraexemplos também quando estiver avaliando argumentos apresentados por outras pessoas. Pergunte se as conclusões *delas* teriam de ser repensadas ou restringidas, se deveriam ser abandonadas por completo, ou se um suposto contraexemplo poderia ser reconsiderado como exemplo. As mesmas regras que se aplicam aos seus argumentos se aplicam aos argumentos de qualquer pessoa. A única diferença é que você mesmo tem a chance de corrigir seus próprios excessos de generalização.

III. Argumentos por analogia

Existe uma exceção à Regra 8 ("Dê mais de um exemplo"). Os *argumentos por analogia*, em vez de oferecem vários exemplos para fundamentar uma generalização, partem de *um* caso ou exemplo específico para falar de outro exemplo, ponderando que, porque os dois são semelhantes sob muitos aspectos, também são semelhantes sob um aspecto mais específico.

Por exemplo, eis como um médico argumenta que todos deveriam fazer *check-up* regularmente:

> As pessoas levam o carro para a manutenção e revisão completa a intervalos de alguns meses sem reclamar. Por que não teriam o mesmo cuidado com o próprio corpo?*

Esse argumento parte do princípio de que fazer *checkup* regularmente é *semelhante* a levar o carro para a manutenção periódica. Os carros precisam desse tipo de atenção – do contrário, problemas mais sérios podem se instalar. Ora, diz o dr. Beary, nossos corpos também são assim.

....
* Dr. John Beary III, citado em "News You Can Use", *U.S. News and World Report*, 11 de agosto de 1986, p. 61.

As pessoas sabem que devem levar o carro para a manutenção e um *check-up* periódicos (senão, podem se instalar problemas mais sérios).

O corpo humano é *semelhante* a um carro (porque o corpo humano também pode apresentar problemas se não for examinado periodicamente).

Portanto, as pessoas também devem se submeter a *check-ups* e "manutenções" periódicas.

Note o itálico na palavra "semelhante" na segunda premissa. Quando um argumento enfatiza a semelhança entre dois casos, muito provavelmente trata-se de um argumento por analogia.

Eis aqui um exemplo mais complexo.

Ontem, em Roma, Adam Nordwell, chefe da tribo indígena dos chippewa, protagonizou uma cena interessante. Ao descer do avião, vindo da Califórnia, paramentado da cabeça aos pés segundo os costumes tribais, Nordwell anunciou em nome dos povos indígenas americanos que estava tomando posse da Itália "por direito de descobrimento", a exemplo do que fez Cristóvão Colombo com a América. "Eu proclamo este dia o dia do descobrimento da Itália", disse Nordwell. "Que direito tinha Colombo de descobrir a América quando ela já era habitada havia milhares de anos? O mesmo direito que eu tenho, hoje, de vir à Itália e proclamar a descoberta do seu país*".

Nordwell quer dizer que a sua "descoberta" da Itália é *semelhante* à "descoberta" da América, feita por Colombo, em pelo menos um aspecto importante: tanto Nordwell como Colombo reivindicaram terras que já eram habitadas por povos nativos havia séculos. Sendo assim,

....
* *Miami News*, 23 de setembro de 1973.

Nordwell afirma que tem tanto "direito" sobre a Itália quanto Colombo tinha sobre a América. Mas, é claro, Nordwell não tem nenhum direito sobre a Itália. Portanto, Colombo não tinha nenhum direito sobre a América.

Nordwell não tem nenhum direito de reclamar a Itália para outro povo, menos ainda "por direito de descobrimento" (uma vez que a Itália é habitada há séculos por seu próprio povo).

A pretensão de Colombo sobre a América "por direito de descobrimento" é *semelhante* à pretensão de Nordwell sobre a Itália (a América também era habitada por povos nativos havia séculos).

Portanto, Colombo não tinha nenhum direito de reclamar a América para outro povo, menos ainda "por direito de descobrimento".

Como deve ser feita a avaliação dos argumentos por analogia?

A primeira premissa de um argumento por analogia faz uma afirmação sobre o exemplo oferecido como analogia. Lembre-se da Regra 3: certifique-se de que se trata de uma premissa verdadeira. É verdade, por exemplo, que os carros precisam de manutenção e checapes regulares para impedir que problemas sérios se instalem, e é verdade que Adam Nordwell não podia reclamar a Itália para os chippewa.

Nos argumentos por analogia, a segunda premissa afirma que o exemplo da primeira premissa é *semelhante* ao exemplo a respeito do qual o argumento tira sua conclusão. A avaliação dessa premissa é mais difícil, e pede uma regra só para ela.

12. A analogia requer um exemplo cuja semelhança seja pertinente

As analogias não exigem que o exemplo oferecido como análogo seja *exatamente* igual ao exemplo da conclusão. Afinal, o corpo humano não é igualzinho a um carro. Somos feitos de carne e osso, não de metal, duramos mais, e assim por diante. A analogia exige que a semelhança seja *pertinente*. O material de que são feitos os carros nada tem a ver com aquilo que o dr. Beary pretende dizer; o argumento dele trata da manutenção de sistemas complexos.

Uma diferença pertinente entre nosso corpo e os carros é que o corpo humano não precisa de "manutenção" periódica do mesmo modo que os carros. Estes precisam que certas peças sejam trocadas ou reabastecidas com fluidos: troca de óleo, troca das bombas ou da transmissão, coisas desse tipo. O corpo humano não. A reposição de peças ou de fluidos é muito mais rara e envolve cirurgias ou transfusões de sangue, e não "manutenções" periódicas. Não obstante, provavelmente é verdade que precisamos de checapes periódicos – do contrário, podemos desenvolver problemas de saúde sem nos darmos conta. Portanto, a analogia do médico é apenas parcialmente bem-sucedida. No que diz respeito à "manutenção", a analogia é canhestra, mas convincente com respeito ao checape.

Do mesmo modo, a Itália do século XX é diferente da América do século XV. Qualquer aluno do século XX sabe da existência da Itália, por exemplo, enquanto grande parte do mundo do século XV desconhecia a América. Nordwell não é um explorador, e um avião comercial não é a *Santa Maria*.

Nordwell dá a entender, porém, que essas diferenças não são pertinentes para sua analogia. Ele quer simplesmente nos lembrar que não faz sentido reivindicar uma terra já habitada por um povo. Não importa se o território é conhecido dos estudantes do mundo inteiro, nem o modo graças ao qual o "descobridor" chegou lá. A conduta mais adequada teria sido procurar estabelecer relações diplomáticas, como tentaríamos fazer hoje se o território e o povo italiano tivessem acabado de ser descobertos. *Esse* é o ponto de Nordwell, e, entendida dessa maneira, a analogia dele resulta num bom argumento.

Existe um famoso argumento que lança mão de uma analogia para tentar defender a existência do Criador. Podemos inferir a existência do Criador a partir da ordem e da beleza do mundo, alega esse argumento, assim como podemos inferir a existência do arquiteto ou do carpinteiro quando vemos uma casa bela e bem construída. Posto na forma de premissa e conclusão:

> Toda casa bela e bem construída tem seus "construtores": projetistas e arquitetos inteligentes.
> O mundo é *semelhante* a uma casa bela e bem construída.
> Portanto, o mundo também tem de ter um "construtor": um Projetista e um Arquiteto inteligente, Deus.

Nesse caso, também, não é preciso apresentar outros exemplos; o argumento deseja enfatizar a semelhança entre o mundo e *um* exemplo: as casas.

Porém, não é tão claro assim que o mundo tenha semelhanças pertinentes com uma casa. Sabemos muita coisa sobre a origem das casas. Mas as casas fazem *parte* da natureza. Sabemos, efetivamente, muito pouco sobre a estrutura da natureza como um *todo*, ou sobre quais podem ser suas causas. David Hume se debruçou sobre esse argumento em seus *Diálogos sobre a religião natural*, e perguntou:

> Constituirá uma *parte* da natureza regra para o todo?... Pensemos na imensidão do passo que damos quando comparamos o universo a uma casa e, dessa semelhança entre alguns aspectos, infiramos uma semelhança entre suas causas... Será que uma desproporção tão grande não impede toda comparação e toda inferência?*

O mundo difere de uma casa pelo menos em um aspecto: a casa faz parte de um todo maior – o mundo –, enquanto o mundo em si (o universo) é maior que tudo. Assim, Hume diz que o universo *não* tem semelhança pertinente com uma casa. As casas, de fato, sugerem a existência de "construtores" fora delas mesmas, mas, até onde sabemos, o universo como um todo pode conter em si mesmo sua própria causa. Essa analogia, portanto, resulta num argumento canhestro. Provavelmente, será preciso algum outro tipo de argumento para que se possa inferir a existência de Deus a partir da natureza do mundo.

---

* David Hume, *Dialogues Concerning Natural Religion* (1779; reimpressão, Indianápolis: Hackett Publishing Company, 1980), Parte II.

IV. Argumentos de autoridade

Ninguém pode, por experiência direta, tornar-se um especialista em todas as coisas. Não podemos degustar todos os vinhos do mundo para saber qual é o melhor. Não podemos saber como foi, de fato, o julgamento de Sócrates. É improvável que saibamos, sem intermediários, o que está acontecendo na câmara dos deputados, no Sri Lanka ou no espaço sideral. Para isso, dependemos de terceiros – pessoas, instituições, obras de referência, que gozam de condições mais favoráveis para nos dizer boa parte do que precisamos saber a respeito do mundo. Precisamos de algo que se chama *argumento de autoridade*.

      X (uma fonte especializada) diz Y.
      Portanto, Y é verdadeiro.

Por exemplo:

      Meu amigo Marcos diz que os vinhos gregos são os melhores do mundo.
      Portanto, os vinhos gregos são os melhores do mundo.

Mas confiar em terceiros pode ser arriscado. Todos têm seus vieses. Supostas autoridades podem nos induzir a erro, ou podem elas próprias estar enganadas, ou podem ter deixado passar em branco partes importantes do quadro geral. Mais uma vez, temos de observar uma lista de pré-requisitos que todo bom argumento de autoridade precisa satisfazer.

13. Cite as fontes

As afirmações factuais que não contam com outra forma de defesa podem ser fundamentadas fazendo-se referência às fontes apropriadas. Algumas afirmações factuais, é claro, são tão óbvias que não precisam de nenhuma fundamentação. Normalmente, não é necessário *provar* que a população dos Estados Unidos é de mais de 200 milhões ou que Julieta amava Romeu. Entretanto, para citar o número exato da população dos Estados Unidos ou, digamos, a atual taxa de crescimento populacional, *é preciso*, sim, recorrer a uma fonte. Do mesmo modo, ao afirmar que Julieta tinha apenas quatorze anos, devemos citar algumas linhas de Shakespeare que confirmem essa afirmação.

NÃO:
> Uma vez, li que existem culturas nas quais maquiagem e vestuário são, basicamente, assunto de homem.

Se o tema em pauta for até que ponto homens e mulheres adotam, em todo lugar do mundo, os mesmos papéis sexuais vigentes nos Estados Unidos, esse é um exemplo pertinente: um caso digno de nota em que os papéis sexuais são diferentes. Mas, provavelmente, não se trata do tipo de diferença que você conheceu pessoalmente. Para que o argumento prevaleça, é preciso procurar a fonte, verificá-la e citá-la.

SIM:

> Carol Beckwith, em "Niger's Wodaabe" (*National Geographic* 164, n? 4 [outubro de 1983]: 483-509), relata que entre os povos fulas do oeste africano, tais como os wodaabe, maquiagem e vestuário são, basicamente, assunto de homem.

Os estilos de citação variam – pode ser necessário um manual de estilo para encontrar a forma adequada aos seus objetivos –, porém todas incluem as mesmas informações básicas: o suficiente para que as pessoas possam encontrar a fonte sozinhas sem dificuldade.

14. Busque fontes abalizadas

As fontes devem ser *qualificadas* para fazer as afirmações que fazem. O Census Bureau está qualificado para fazer afirmações sobre a demografia americana. Mecânicos de automóveis estão qualificados para discutir os méritos de diversas marcas de carro; médicos estão qualificados para tratar de assuntos de medicina, assim como ecologistas para falar dos efeitos da poluição sobre o meio ambiente; e assim por diante. Essas fontes são qualificadas porque possuem a formação e a informação apropriadas.

Quando a formação ou a informação de uma autoridade não forem suficientemente claras, o argumento deverá explicá-las de maneira sucinta. Por exemplo, talvez seja necessário estender o argumento citado na Regra 13:

> Carol Beckwith, em "Niger's Wodaabe" (*National Geographic* 164, n? 4 [outubro de 1983]: 483-509), relata que entre os povos fulas do oeste africano, tais como os wodaabe, maquiagem e vestuário são, basicamente, assunto de homem. Beckwith e um colega antropólogo viveram com os wodaabe durante dois anos e observaram muitas

danças para as quais os homens se preparavam mediante longo trabalho de adorno, pinturas faciais e branqueamento dos dentes. (O artigo dela também traz muitas fotografias.) As mulheres wodaabe observam, comentam e escolhem os parceiros pela beleza – o que, para esses homens, é algo natural. "Nossa beleza faz as mulheres nos quererem", um deles diz.

Uma pessoa que viveu com os wodaabe durante dois anos está realmente qualificada para descrever seus hábitos e costumes. Observe que, além disso, a pesquisadora cita as palavras deles – pois é claro que, em última instância, as melhores autoridades sobre as práticas wodaabe são os próprios wodaabe.

Uma fonte abalizada não precisa se encaixar no nosso estereótipo de "autoridade" – e uma pessoa que se encaixe em nosso estereótipo de autoridade pode nem ser uma fonte abalizada.

NÃO:
O reitor Bernard, da Faculdade Topheavy, disse aos pais e repórteres hoje que as aulas da Topheavy promovem uma troca livre e entusiástica de ideias. Portanto, as aulas de Topheavy realmente promovem uma troca livre e entusiástica de ideias.

O reitor de uma faculdade pode não saber quase nada do que acontece nas salas de aula.

SIM:
A tabulação das avaliações dos cursos feitas pelos estudantes nos últimos três anos, elaborada por um comitê de certificação, mostra que apenas 5% do total responderam "Sim" quando se perguntou se as aulas da Topheavy promoviam uma troca livre e entusiástica de ideias. Por-

tanto, as aulas da Topheavy raramente promovem uma troca livre e entusiástica de ideias.

Nesse caso, os alunos são as fontes mais abalizadas.

Note que as autoridades em determinado assunto não têm necessariamente base para falar sobre todos os assuntos a respeito dos quais emitem opinião.

> Einstein era pacifista; portanto, o pacifismo deve estar correto.

A genialidade de Einstein na física não faz dele um gênio em filosofia política.

Às vezes, é claro, temos de confiar em autoridades cujo conhecimento é melhor que o nosso, embora não seja perfeito. Por exemplo, os governos ou outras fontes às vezes tentam restringir nosso acesso à informação sobre o que está acontecendo numa zona de guerra ou num julgamento político. A melhor informação que podemos obter pode ser fragmentária – por intermédio de organizações internacionais de direitos humanos como a Anistia Internacional, por exemplo. Se você precisa da intermediação de uma autoridade cujo conhecimento é imperfeito, não faça de conta que esse problema não existe. Deixe que seus leitores ou ouvintes decidam se uma autoridade imperfeita é melhor do que nenhuma.

Finalmente, cuidado com supostas autoridades que alegam saber aquilo que não haveria como saber. Se um livro afirma ter sido "escrito como se o autor fosse uma mosquinha pousada na parede da sala mais vigiada do Pentágono"*, você poderá, com razão, supor que esse

---

* Propaganda na *New York Times Book Review*, 9 de dezembro de 1984, p. 3.

livro está repleto de conjecturas, fofocas, boatos e outras informações não confiáveis (a não ser, é claro, que o autor realmente *fosse* uma mosquinha pousada na parede de uma das salas mais vigiadas do Pentágono). Do mesmo modo, os moralistas religiosos declaram muitas vezes que certas práticas são erradas porque contrárias à vontade de Deus. Poderíamos responder a isso dizendo que as pessoas deveriam ter um pouco mais de cuidado ao pôr palavras na boca de Deus. Não é fácil identificar a vontade divina, e, se Deus fala tão baixinho, é fácil confundir sua "voz mansa e delicada" com nossas próprias visões pessoais.

15. Busque fontes imparciais

Normalmente, as pessoas que têm mais a perder numa disputa não são as melhores fontes de informação sobre o assunto em pauta. Às vezes, elas podem até mesmo não falar a verdade. A pessoa acusada num processo criminal é considerada inocente até que se prove sua culpa, mas dificilmente acreditaremos por completo na sua alegação de inocência sem a confirmação de testemunhas imparciais. Porém, até mesmo a disposição de uma pessoa de dizer a verdade, tal como ela a vê, pode ser insuficiente. A verdade, mesmo do ponto de vista de uma pessoa sincera, pode ser tendenciosa. Tendemos a ver o que esperamos ver: observamos, lembramos e passamos adiante as informações que apoiam nosso ponto de vista, mas não temos a mesma motivação quando os indícios apontam para o lado oposto.

Não se limite, portanto, ao discurso do presidente se o assunto é a eficácia das políticas adotadas em sua administração. Não se limite ao governo como melhor fonte de informação sobre a situação dos direitos humanos em países que ele apoia ou combate. Não se limite a grupos que são partidários de *um* dos lados de um importante debate público para obter a informação mais rigorosa sobre esse tema. Não se limite ao fabricante de um produto para obter a melhor informação acerca desse produto.

NÃO:
Os anúncios das pilhas Energizer alegam que a Energizer é consideravelmente melhor que as outras pilhas. Portanto, a Energizer é consideravelmente melhor que as outras pilhas.

As fontes devem ser imparciais. As melhores informações sobre produtos comerciais vêm de revistas independentes dirigidas ao consumidor e dos órgãos encarregados de testá-los, porque não estão associados a nenhum fabricante e devem satisfação aos consumidores, que esperam a informação mais precisa possível.

SIM:
A revista *Consumer Reports* testou uma série de pilhas, em praticamente todas as situações de uso, e não descobriu diferenças significativas entre elas (ver "Who Sells the Best Cells?", *Consumer Reports*, dezembro de 1999, pp. 51-3). Portanto, a Energizer não é consideravelmente melhor que as outras pilhas.

Do mesmo modo, prestadores de serviços autônomos e mecânicos são fontes relativamente imparciais de informação. Uma organização como a Anistia Internacional é uma fonte imparcial sobre a situação dos direitos humanos em outros países, porque não apoia nem combate um governo específico. Em assuntos de política, desde que as discordâncias girem basicamente em torno de estatísticas, procure os órgãos governamentais independentes, como aqueles responsáveis pelos censos, ou estudos acadêmicos, ou outras fontes autônomas.

Certifique-se de que a fonte é *realmente* independente e não apenas um grupo de interesse que se esconde atrás de um nome que parece independente. Procure saber quem a financia; consulte suas outras publicações; verifique o teor do relatório ou livro citado. No mínimo, tente confirmar por si mesmo toda afirmação factual citada de uma fonte possivelmente tendenciosa. Bons argumentos citam suas fontes (Regra 13); consulte-as. Certifique-se de que a informação esteja citada corretamente e não esteja deslocada de contexto, e verifique se não há outras informações que poderiam ter a ver com o assunto. Só então você poderá citar essas fontes.

16. Compare as fontes

Quando os especialistas discordam, você não pode confiar em nenhum deles isoladamente. Antes de citar uma pessoa ou instituição como autoridade, procure ter certeza de que outras pessoas ou organizações igualmente qualificadas e imparciais concordam com ela. Um dos pontos fortes dos relatórios da Anistia Internacional, por exemplo, é que eles normalmente são corroborados por relatórios de outras organizações independentes que monitoram os direitos humanos. (Repetimos, eles muitas vezes *conflitam* com os relatórios governamentais, mas os governos raramente são tão imparciais.)

As autoridades convergem principalmente sobre questões factuais específicas. Que os homens wodaabe dedicam grande parte de seu tempo à pintura do rosto e ao vestuário é uma afirmação factual específica, por exemplo, e, em princípio, não é difícil verificá-la. Mas, quando os assuntos são mais complexos e abstratos, é mais difícil encontrar autoridades que concordem. Quando se trata de questões filosóficas, nem sempre é fácil citar alguém como especialista incontestável. Aristóteles discordava de Platão, Hegel de Kant. Você pode, portanto, usar os *argumentos* deles, mas nenhum filósofo se deixará convencer se você se limitar a repetir as conclusões de outro filósofo.

17. Ataques pessoais não desqualificam uma fonte

Supostas autoridades podem ser desqualificadas se não forem abalizadas, imparciais, ou se não houver um mínimo de consenso entre elas. Mas outros tipos de ataque contra autoridades não são legítimos.

São as chamadas falácias *ad hominem*: ataques contra a *pessoa* da autoridade, e não contra suas qualificações específicas para fazer proposições acerca da questão. Se alguém descarta uma suposta autoridade simplesmente porque não gosta da pessoa – não gosta de fundamentalistas, ou de japoneses, ou de lésbicas, ou de gente rica, ou seja lá do que for –, está provavelmente cometendo esse erro. Normalmente, nacionalidade, religião, preferência sexual etc. não têm relação alguma com a autoridade de determinada pessoa para falar sobre questões factuais específicas dentro de uma área de especialidade.

NÃO:
> Não é surpresa que Carl Sagan afirme que a vida é possível em Marte – afinal, todos sabem que ele é ateu. Não acredito nisso nem por um segundo.

Sagan foi astrônomo e projetista de sondas interplanetárias e pesquisou profundamente a questão da vida em Marte. Embora também tenha participado do debate público sobre religião e ciência, não há motivo para acreditar que seus pontos de vista sobre religião influenciaram seu discernimento científico a respeito da vida marciana. Se a conclusão a que ele chegou não lhe agrada, limite-se a criticá-la de forma direta.

V. Argumentos sobre causas

Frio provoca resfriado? Vitamina C evita resfriado? A vida sexual ativa e regular diminui a longevidade (como as pessoas acreditavam no passado) ou a aumenta (como algumas pessoas acreditam hoje), ou não faz nenhuma diferença para a expectativa de vida? E os exercícios regulares? E o que faz com que algumas pessoas tenham mentalidade mais aberta? sejam brilhantes? tenham insônia? filiem-se a esse ou àquele partido?

Todas essas perguntas dizem respeito a *causas* e seus respectivos efeitos – o que causa o quê. Trata-se de perguntas vitais. Se forem bons efeitos, vamos querer fomentá-los; se forem maus efeitos, vamos querer evitá-los. Às vezes, temos de descobrir quem ou o que causou algo para dar o devido crédito ou responsabilizar o culpado. Outras vezes, fazemos isso apenas para entender melhor o mundo.

A prova que fundamenta uma afirmação a respeito de causas é, normalmente, uma correlação entre dois eventos ou tipos de eventos. Suponhamos, por exemplo, que você se pergunte por que alguns de seus amigos têm mentalidade mais aberta que outros. Você conversa com eles e descobre que a maioria dos que têm mentalidade mais aberta leem muito – estão sempre lendo jornais, obras literárias, e assim por diante –, ao contrário da maioria dos que têm visão mais estreita. Você constata, em outras palavras, que existe uma correlação entre ler bastante e ter mentalidade aberta. Assim, uma vez que a leitura parece estar *correlacionada* com uma mentalidade aberta, pode-se concluir que ler com frequência *leva* a uma mentalidade aberta.

Os argumentos que partem de uma correlação para chegar à causa encontram amplo emprego na medicina e nas ciências sociais. Para saber se um café da manhã completo melhora a saúde, os médicos fazem um estudo para descobrir se as pessoas que normalmente ingerem um café da manhã completo vivem mais tempo do que aquelas que não o fazem. Para descobrir se a leitura realmente tende a formar pessoas com mentalidade mais aberta, um psicólogo pode desenvolver um teste para verificar esse tipo de mentalidade e uma pesquisa sobre hábitos de leitura, distribuir os testes para uma amostragem representativa da população e, então, averiguar se uma proporção maior dos leitores habituais tem também mentalidade mais aberta.

Esse tipo de teste formal geralmente entra em nossa argumentação como um argumento de autoridade: confiamos na autoridade das pessoas que realizaram os testes, consultando seu currículo e seus colegas de profissão para nos certificar de que são abalizadas e imparciais. No entanto, ainda temos a obrigação de ler esses estudos detidamente, procurando fazer deles a melhor avaliação possível.

Nossos argumentos pessoais sobre as causas normalmente lançam mão de exemplos selecionados com menos cuidado. Podemos argumentar com base em casos surpreendentes que nós mesmos vivemos, ou no que sabemos de nossos amigos, ou em nosso conhecimento de história. Esses argumentos são muitas vezes especulativos – mas isso também acontece com os argumentos mais formais, utilizados por médicos e psicólogos. Às vezes, é muito difícil saber o que causa o quê. Este capítulo apresenta diversas regras para argumentos sobre causas e fornece uma série de lembretes sobre as armadilhas que podemos encontrar ao passar da correlação para a causa.

18. Explique de que modo a causa leva ao efeito

Quando raciocinamos que A causa B, normalmente acreditamos não só que A e B estão correlacionados, mas também que "faz sentido" que A cause B. Sendo assim, bons argumentos não se limitam a apelar para a correlação entre A e B: eles também explicam *por que* faz sentido que A cause B.

NÃO:
> A maior parte de meus amigos de mentalidade aberta é culta; a maior parte de meus amigos de mentalidade menos aberta não é. Ler, portanto, leva a uma mentalidade aberta.

SIM:
> A maior parte de meus amigos de mentalidade aberta é culta; a maior parte de meus amigos de mentalidade menos aberta não é. Parece provável que quanto mais lemos mais deparamos com ideias novas e instigantes, ideias que nos deixam menos seguros de nós mesmos. Ler também nos retira de nosso mundinho cotidiano e nos mostra como a vida pode ser diversificada e multifacetada. Ler, portanto, leva a uma mentalidade aberta.

Esse argumento poderia ser mais específico, mas, mesmo assim, consegue estabelecer algumas ligações importantes entre causa e efeito.

Os argumentos mais formais e estatísticos – como os que se utilizam na medicina, por exemplo – também devem procurar estabelecer ligações entre as causas e os efeitos postulados. Os médicos não se contentam com dados concretos que simplesmente demonstram que um café da manhã completo está correlacionado com uma boa saúde; eles também querem saber *por que* o café da manhã completo melhora a saúde.

Os doutores N. B. Belloc e L. Breslow, respectivamente do Laboratório de População Humana do Departamento de Saúde Pública da Califórnia e do Departamento de Medicina Social e Preventiva da UCLA, monitoraram 7.000 adultos durante cinco anos e meio, relacionando expectativa de vida e saúde a certos hábitos de saúde básicos. Eles descobriram que o café da manhã completo está correlacionado com uma maior expectativa de vida. (Ver Belloc e Breslow, "The Relation of Physical Health Status and Health Practices", *Preventive Medicine* 1 [agosto de 1972]: 409-21.) Parece provável que as pessoas que ingerem um café da manhã completo obtêm mais nutrientes necessários que as pessoas que não tomam café da manhã ou passam a manhã à base de algo mais leve e de café. Também é provável que, se o corpo começar o dia com uma boa refeição, ele irá metabolizar as refeições posteriores de modo mais eficaz. Assim, parece provável que a ingestão de um café da manhã completo melhore a saúde.

Observe que esse argumento não só explica de que modo uma causa pode conduzir a um efeito, como também cita a fonte e explica por que ela é abalizada.

19. Proponha a causa mais provável

A maioria dos acontecimentos tem muitas causas possíveis. Portanto, não basta detectar uma única causa; é preciso ir além e mostrar que aquela é a causa mais *provável*. É possível que o Triângulo das Bermudas seja realmente povoado por seres sobrenaturais que protegem seus domínios da invasão dos humanos. É *possível*. Mas a explicação sobrenatural é profundamente improvável comparada a outras explicações prováveis para o desaparecimento de navios e aviões: tempestades tropicais, comportamento imprevisto dos ventos e correntes marinhas, e assim por diante (isso se *existe* realmente algo de estranho no Triângulo das Bermudas – lembre-se da Regra 10). Somente quando essas explicações corriqueiras são insuficientes para dar conta dos fatos é que devemos começar a pensar em hipóteses alternativas.

Do mesmo modo, é possível que as pessoas acabem desenvolvendo uma mentalidade mais aberta, ou pelo menos mais tolerante, simplesmente porque se cansaram de discutir. Talvez elas queiram apenas "deixar que cesse a longa contenda"*. É *possível*. Mas também sabemos que não são muitas as pessoas que se comportam desse modo. A maioria dos que têm opiniões dogmáticas aferra-se a elas; para eles, é doloroso demais ver os outros tomando o caminho errado. Portanto, parece mais provável que as pessoas que acabam ficando mais tolerantes tenham realmente desenvolvido uma mentalidade mais aberta, e a leitura se sustenta como uma causa provável.

....
* "Let the long contention cease", verso do poema *The Last Word* [A última palavra], do poeta inglês Matthew Arnold (1822-1888). (N. do T.)

Como saber qual explicação é a mais provável? Eis uma regra de ouro: prefira explicações compatíveis com nossas crenças mais bem estabelecidas. As ciências naturais estão firmemente assentadas; assim também nossa compreensão geral sobre como são as pessoas. É claro que, mesmo assim, a explicação que parece mais provável pode se revelar equivocada. Mas temos de começar de algum ponto. Crenças firmemente assentadas são o ponto de partida menos duvidoso de que podemos dispor.

Às vezes, são necessárias provas adicionais para que uma explicação seja aceita com confiança. Devemos buscar mais provas quando diversas explicações "naturais", porém conflitantes, se aplicarem às provas já disponíveis. As Regras 20 a 23 explicam alguns dos tipos mais comuns de conflitos entre explicações.

20. Nem sempre eventos correlacionados têm relação entre si

Algumas correlações não passam de coincidência.

> Dez minutos depois que tomei as drágeas contra insônia da dra. Hartshorne, caí em sono profundo. Portanto, as drágeas contra insônia da dra. Hartshorne me fizeram dormir.

Aqui, o fenômeno explicado é o meu sono. Como meu adormecimento teve correlação com a ingestão das drágeas contra insônia da dra. Hartshorne, o argumento conclui que a ingestão das drágeas foi a *causa* do meu sono. Entretanto, embora seja *possível* que as drágeas contra insônia da dra. Hartshorne tenham me induzido ao sono, também posso ter dormido sem a ajuda delas. Talvez as drágeas não tenham tido nada a ver com isso. Talvez eu estivesse muito cansado e tenha ingerido as drágeas pouco antes de cair no sono naturalmente.

A dra. Hartshorne poderia ter a chance de se defender na justiça. Teríamos de fazer um experimento controlado, com um grupo de pessoas que tomasse as drágeas e outro que não tomasse nada. Se a maioria das pessoas que tomassem as pílulas adormecesse mais rápido que as pessoas que não tomassem nada, isso poderia significar que as drágeas têm, realmente, algum valor medicinal. Mas uma mera correlação, por si mesma, não *determina* uma relação de causa e efeito. O sobe-e-desce das saias na moda feminina manteve durante anos correlação com o sobe-e-desce da Média Industrial Dow Jones, mas quem acredita que uma coisa causa a outra? O mundo é simplesmente cheio de coincidências.

21. Eventos correlacionados podem ter uma causa comum

Algumas correlações não constituem relações entre causa e efeito, mas representam dois efeitos de alguma *outra* causa. É perfeitamente possível, por exemplo, que estas duas coisas – ser culto e ter mentalidade aberta – tenham como causa um terceiro fator: a formação universitária, por exemplo. Ler bastante, portanto, pode *não* ser suficiente para uma pessoa desenvolver uma mentalidade mais aberta: em vez disso, é a formação universitária que leva a uma mentalidade mais aberta (talvez por aumentar o contato com diferentes pontos de vista) e, além disso, contribui para que a pessoa se torne mais culta. Pode ser necessário conversar novamente com seus amigos para saber quantos frequentaram uma faculdade!

A televisão está destruindo nossos valores morais. Os programas de televisão mostram violência, crueldade e depravação – e olhe à nossa volta!

A ideia aqui é que a "imoralidade" na TV causa "imoralidade" na vida real. Contudo, é no mínimo provável que *tanto* a "imoralidade" televisionada *como também* a "imoralidade" da vida real tenham origem, isto sim, em causas comuns, mais básicas, como a ruptura dos sistemas tradicionais de valores, a falta de atividades de lazer construtivas, e assim por diante. Ou:

Nos últimos vinte anos, as crianças têm assistido cada vez mais à TV. No mesmo período, a pontuação nos exames vestibulares caiu continuamente. Assistir à TV é nocivo à inteligência.

A ideia é que assistir à TV é a causa da degradação no resultado dos vestibulares. Seria interessante, para início de conversa, se esse argumento explicasse exatamente de que modo a suposta causa, assistir à TV, leva a esse efeito (Regra 18). Seja como for, outras explicações podem servir tão bem quanto essa. Talvez algo muito diferente explique a queda na pontuação dos exames – uma queda na qualidade do ensino nas escolas, por exemplo –, o que indicaria que as duas tendências correlacionadas não estão relacionadas (Regra 20). Por outro lado, algumas causas comuns podem ter levado as pessoas *tanto* a assistir à TV *como também* a tirar notas mais baixas nos exames. Rápido: pense você mesmo em duas ou três possibilidades.

22. Qualquer um de dois eventos correlacionados pode causar o outro

A correlação também não determina a *direção* da causalidade. Se A tem correlação com B, A pode ser a causa de B – mas B também pode ser a causa de A. A mesmíssima correlação que sugere que a TV está destruindo nossos valores morais, por exemplo, também pode indicar que os nossos valores morais estão destruindo a TV. Portanto, de um modo geral, é preciso investigar uma explicação alternativa.

Esse problema afeta até mesmo os estudos mais avançados sobre correlação. Os psicólogos podem elaborar um teste para avaliar se as pessoas têm mentalidade aberta e fazer uma pesquisa sobre os hábitos de leitura, distribuí-los para uma amostragem representativa da população e verificar se uma proporção extraordinariamente elevada de leitores também tem mentalidade aberta. Suponhamos que, de fato, exista uma correlação. Ainda assim isso não significa que ler *leve* a uma mentalidade mais aberta. Essa mentalidade poderia, ela sim, levar à leitura! Afinal, é mais provável que pessoas de mentalidade aberta se interessem por diferentes livros e estudos. Essa é uma das razões pelas quais é importante explicar as ligações entre causa e efeito. Se pudermos estabelecer ligações plausíveis partindo de A para B, mas não de B para A, o mais provável será que A conduz a B e não o contrário. Se, no entanto, B levar a A de modo tão plausível quanto A leva a B, então não será possível determinar a direção da causa – pode ser que ela se dirija para ambos os lados.

23. As causas podem ser complexas

De vez em quando, argumenta-se que as ruas com faixas de pedestres são mais perigosas do que as ruas sem elas, porque em algumas faixas registra-se um elevado número de acidentes. A explicação que se oferece para isso é que tais faixas criam no pedestre uma falsa sensação de segurança, levando-o a correr riscos e, portanto, se acidentar. De acordo com a Regra 22, porém, também devemos considerar a possibilidade de que o vínculo causal siga na outra direção. Talvez os acidentes sejam a causa, por assim dizer, da faixa de pedestres. Afinal, as faixas não surgem de modo arbitrário: elas geralmente são colocadas onde os acidentes são mais frequentes. Mas não necessariamente eliminarão o problema. Os locais perigosos podem se tornar menos perigosos, mas nem por isso se tornarão seguros de uma hora para outra.

Além disso, uma vez instalada a faixa de pedestres, é provável que aumente o número de pessoas a atravessar a rua naquele lugar. Portanto, faz sentido esperar que aumente, e não que diminua, o *número* de pessoas que sofrem acidentes nesses locais, embora o *índice* de acidentes deva diminuir.

Evidentemente, estamos falando de um exemplo complexo. A falsa sensação de segurança pode exercer alguma influência, sobretudo se o índice de acidentes não diminuir tanto quanto se esperava. Ao mesmo tempo, não devemos esquecer que as faixas de pedestres, em geral, são postas exatamente nos locais onde há maior incidência de acidentes. Ora, em se tratando de causas, as opções nem sempre são mutuamente excludentes; às vezes, a resposta deve incluir "ambas" as opções.

Muitos casos que dizem respeito a causas são complexos. Talvez o hábito de leitura expanda a nossa maneira de pensar, porém com toda certeza também é verdade, conforme ressalta a Regra 22, que uma mentalidade mais aberta estimula algumas pessoas a lerem mais. Talvez, ingerir um café da manhã completo melhore nossa saúde, mas, talvez, as pessoas saudáveis sejam exatamente aquelas já propensas a ingerir um café da manhã completo. Não exagere em sua conclusão. É raro identificarmos uma causa *única*. Os argumentos causais são importantes porque identificar nem que seja *uma* causa pode ser proveitoso. O simples fato de sabermos que o hábito de tomar um café da manhã completo está correlacionado com melhorias na saúde pode constituir razão suficiente para adotarmos esse hábito.

VI. Argumentos dedutivos

Observe este argumento.

> Se não existe o fator acaso no xadrez, então o xadrez é um jogo de pura habilidade.
> Não existe o fator acaso no xadrez.
> Portanto, o xadrez é um jogo de pura habilidade.

Vamos supor, por um momento, que as premissas desse argumento sejam verdadeiras. Em outras palavras, admitamos que seja verdade que, *se* não existe o fator acaso no xadrez, então o xadrez é um jogo de pura habilidade – e admitamos que *não* existe o fator acaso no xadrez. Podemos então concluir, com absoluta segurança, que o xadrez é um jogo de pura habilidade. Não há como admitir a veracidade dessas premissas e negar sua conclusão.

Argumentos desse tipo são chamados de *dedutivos*. Ou seja, o argumento dedutivo (quando bem formulado) é constituído de tal modo que, se as suas premissas forem verdadeiras, a conclusão terá de sê-lo também. Os argumentos dedutivos bem formulados são chamados argumentos *válidos*.

Os argumentos dedutivos são diferentes dos que vimos até agora, nos quais nem mesmo um grande número de premissas verdadeiras garante a veracidade da conclusão (embora, às vezes, possa torná-la bastante provável). Nos argumentos não-dedutivos, a conclusão ultrapassa inevitavelmente as premissas – esse é justamente o propósito de usarmos argumentos baseados em exemplos, na autoridade etc. Já a conclusão de um argumento dedutivo válido se limita a explicitar o que já se encontra contido nas premissas.

Na vida real, é claro, nem sempre podemos ter certeza absoluta das nossas premissas; por isso, a conclusão dos argumentos dedutivos da vida real tem de ser encarada com algumas (às vezes muitas!) reservas. Não obstante, quando encontramos premissas fortes, a forma dedutiva é muito proveitosa. E mesmo quando as premissas são incertas, a forma dedutiva é um modo eficaz de *organizar* o argumento, sobretudo o ensaio argumentativo. Este capítulo apresenta seis formas dedutivas comuns com exemplos simples, cada uma numa seção separada. Os Capítulos VII a IX retomam o seu emprego nos ensaios argumentativos.

24. *Modus ponens*

Usando as letras **p** e **q** no lugar dos enunciados, a forma dedutiva válida mais simples é

Se [proposição **p**], então [proposição **q**].
[Proposição **p**].
Portanto, [proposição **q**].

Ou, mais sucintamente:

Se **p**, então **q**.
p.
Portanto, **q**.

Essa forma é chamada de *modus ponens* ("modo de afirmar": Afirmando-se **p**, temos **q**). Se **p** representar "Não existe o fator acaso no xadrez" e **q** representar "O xadrez é um jogo de pura habilidade", nosso exemplo introdutório segue o *modus ponens* (confira).
Não raro, o argumento que se apresenta dessa forma é tão óbvio que não é necessário redigi-lo como um *modus ponens* propriamente dito.

Como os otimistas têm maior probabilidade de sucesso que os pessimistas, devemos ser otimistas.

Esse argumento poderia ter a seguinte redação:

Se os otimistas têm maior probabilidade de sucesso que os pessimistas, então devemos ser otimistas.
Os otimistas *têm* maior probabilidade de sucesso que os pessimistas.
Portanto, devemos ser otimistas.

Mas o argumento é perfeitamente claro sem que seja preciso redigi-lo dessa forma. Outras vezes, porém, é conveniente formular devidamente o *modus ponens*.

Se a nossa galáxia contém milhões de planetas habitáveis, então é provável que a vida tenha se desenvolvido em mais de um planeta.
Nossa galáxia *contém* milhões de planetas habitáveis.
Portanto, é provável que a vida tenha se desenvolvido em mais de um planeta.

Para desenvolver esse argumento, é preciso explicar e defender ambas as premissas, e elas exigem argumentos bastante distintos (por quê?). Convém expô-los com clareza e separadamente desde o início.

25. Modus tollens

Uma segunda forma dedutiva válida é o *modus tollens* ("modo que nega": Negando-se **q**, nega-se **p**):

> Se **p**, então **q**.
> **q** é falso.
> Portanto, **p** é falso.

Aqui, "**q** é falso" representa apenas a negação de **q**, ou seja, está no lugar da frase "Não é verdade que **q**". O mesmo acontece com "**p** é falso".

Lembre-se do argumento de Sherlock Holmes, que vimos na Regra 1:

> Havia um cachorro nos estábulos, e, mesmo assim, embora alguém tenha estado lá e levado um cavalo, o animal não latiu. É evidente que o visitante era alguém que o cachorro conhecia bem...

O argumento de Holmes é um *modus tollens*:

> Se não conhecesse bem o visitante, o cachorro teria latido.
> O cachorro não latiu.
> Portanto, o cachorro conhecia bem o visitante.

Se quisermos escrever esse argumento usando símbolos, podemos usar **k** no lugar de "O cachorro não conhecia muito bem o visitante" e **b** para "O cachorro latiu".

> Se **k**, então **b**.
> **b** é falso.
> Portanto, **k** é falso.

"**B** é falso" significa "O cachorro não latiu" e "**k** é falso" representa "Não é verdade que o cachorro não conhecia bem o visitante", ou seja, "O cachorro *conhecia* bem o visitante".

O astrônomo Fred Hoyle propôs um interessante *modus tollens*. Parafraseando-o:

> Se o universo fosse infinitamente antigo, todo o hidrogênio já teria se extinguido, porque o hidrogênio sempre se converte em hélio, em qualquer lugar do universo, e essa conversão é um processo irreversível. Mas, com efeito, o universo é composto quase inteiramente de hidrogênio. Assim, o universo deve ter tido um princípio bem definido.

Transcrevendo o argumento de Hoyle em símbolos, podemos usar **i** para representar "O universo é infinitamente antigo" e **h** para representar "todo o hidrogênio já teria se extinguido".

> Se **i**, então **h**.
> **h** é falso.
> Portanto, **i** é falso.

"**H** é falso" significa "Não é verdade que todo o hidrogênio se extinguiu" (ou "O universo contém hidrogênio"); "**i** é falso" significa "Não é verdade que o universo é infinitamente antigo". Hoyle vai além e desenvolve a conclusão. Uma vez que o universo não é infinitamente antigo, ele diz, deve ter se originado em algum momento bem definido.

26. Silogismo hipotético

Uma terceira forma dedutiva válida é o *silogismo hipotético*:

Se **p**, então **q**.
Se **q**, então **r**.
Portanto, se **p**, então **r**.

Por exemplo:

Se **e**studar outras culturas, você **c**ompreenderá a diversidade dos costumes humanos.
Se **c**ompreender a diversidade de costumes humanos, **q**uestionará seus próprios costumes.
Portanto, se **e**studar outras culturas, você **q**uestionará os próprios costumes.

Substituindo as asserções que compõem esse argumento pelas letras em negrito, temos:

Se **e**, então **c**.
Se **c**, então **q**.
Portanto, se **e**, então **q**.

Os silogismos hipotéticos são válidos para qualquer número de premissas, desde que cada premissa obedeça à forma "Se **p**, então **q**" e o **q** de uma premissa seja o **p** da seguinte. Sob a Regra 6, por exemplo, analisamos um argumento à luz das duas premissas anteriores, mas também de uma terceira:

Se **q**uestionar seus próprios costumes, você se tornará mais **t**olerante.

A partir dessa e das outras duas premissas, é possível concluir de forma válida, por silogismo hipotético, que "Se **e**, então **t**".

Observe que o silogismo hipotético oferece um bom modelo para explicar as ligações entre causa e efeito (Regra 18). A conclusão liga uma causa a um efeito, enquanto as premissas explicam os estágios intermediários.

27. Silogismo disjuntivo

Uma quarta forma dedutiva válida é o *silogismo disjuntivo*:

p ou **q**.
p é falso.
Portanto, **q**.

Consideremos, por exemplo, o argumento de Bertrand Russell, que vimos na Regra 2:

Ou depositamos nossa esperança de progresso no adiantamento **m**oral, ou no aprimoramento da **i**nteligência.
Não podemos depositar nossa esperança de progresso no adiantamento **m**oral.
Portanto, temos de depositar nossa esperança de progresso no aprimoramento da **i**nteligência.

Mais uma vez, usando as letras em negrito como símbolos, o argumento fica assim:

m ou **i**.
m é falso.
Portanto, **i**.

Há um complicador. Em português, a palavra "ou" pode ter dois sentidos. "**P** ou **q**" pode significar que um, entre **p** ou **q**, é verdadeiro, e possivelmente ambos. Essa é a acepção "inclusiva" da palavra "ou", aquela normalmente utilizada em lógica. Às vezes, porém, usamos "ou" num sentido "exclusivo", no qual "**p** ou **q**" significa que ou

p, ou **q** é verdadeiro, mas *não* ambos. "Eles virão por terra ou por mar", por exemplo, significa que eles não utilizarão as duas vias ao mesmo tempo. Nesse caso, somos capazes de inferir que, se vierem de um modo, *não* virão do outro.

Os silogismos disjuntivos são válidos independentemente do sentido em que usamos "ou" (confira). Porém, qualquer *outra* coisa (se houver outra coisa) que possamos inferir de um enunciado como "**p** ou **q**" – especialmente o caso em que podemos concluir que **q** é falso se também conhecemos **p** – dependerá do sentido de "ou" na premissa "**p** ou **q**" específica que estivermos avaliando. Tenha cuidado!

28. Dilema

Uma quinta forma dedutiva válida é o *dilema*:

> **p** ou **q**.
> Se **p**, então **r**.
> Se **q**, então **s**.
> Portanto, **r** ou **s**.

Retoricamente falando, "dilema" é uma escolha entre duas opções que têm consequências negativas. Jesus desafiou os fariseus com um dilema desse tipo quando teve sua autoridade publicamente questionada por eles:

> Respondeu-lhes ele, "Eu também vos farei uma pergunta; dizei-me, pois: O batismo de João era do céu ou dos homens?" Ao que eles arrazoaram entre si: "Se dissermos: 'do céu', ele dirá: 'Por que não crestes?' Mas, se dissermos: 'Dos homens', todo o povo nos apedrejará, pois estão convencidos de que João era profeta." (Lucas 20,3-6)

Em lógica, o dilema dos fariseus fica assim:

> Ou dizemos que o batismo de João era do **c**éu ou dos **h**omens.
> Se dissermos que era do **c**éu, seremos **a**cusados de não acreditar nele.
> Se dissermos que era dos **h**omens, **m**orreremos apedrejados por ofender a crença popular nele.
> Portanto, ou seremos **a**cusados por não acreditar nele ou **m**orreremos apedrejados por ofender a crença popular nele.

Traduzindo em símbolos:

> **c** ou **h**.
> Se **c**, então **a**.
> Se **h**, então **m**.
> Portanto, **a** ou **m**.

Sendo assim, os fariseus, como era de esperar, preferiram simplesmente não dar resposta nenhuma – permitindo que Jesus também não lhes respondesse, como era sua intenção.

Nesse caso, ambas as consequências são negativas, mas, em outros dilemas, as consequências podem ser positivas, ou simplesmente neutras.

> Ou vamos para o circo, ou vamos patinar.
> Se formos para o circo, então vamos nos esbaldar.
> Se formos patinar, então também vamos nos esbaldar.
> Portanto, vamos nos esbaldar.

Tecnicamente, a conclusão é "Ou vamos nos esbaldar ou vamos nos esbaldar", mas dizer uma vez apenas é o bastante.

29. Reductio ad absurdum

Uma tradicional estratégia dedutiva merece menção especial, embora, rigorosamente falando, trate-se apenas de uma versão do *modus tollens*. É a *reductio ad absurdum*, ou seja, a "redução ao absurdo". Os argumentos por *reductio* (ou "prova indireta", como são às vezes chamados) estabelecem sua conclusão mostrando que, presumindo-se o contrário, fica-se com um resultado absurdo: algo contraditório ou tolo. Nada mais resta a fazer, diz o argumento, senão aceitar a conclusão.

> *A ser provado:* **p**.
> *Presumindo-se o oposto:* que **p** é falso.
> *Argumentar que, a partir do presumido, teríamos de concluir:* **q**.
> *Mostrar que* **q** *é falso (contraditório, tolo, "absurdo")*.
> *Concluir:* **p** tem de estar correto.

Lembre-se do argumento a favor da existência de um Criador, que vimos na Regra 12. As casas têm seus criadores, diz o argumento, e o mundo é *como* uma casa – ele também se constitui de ordem e beleza. Assim, propõe a analogia, o mundo também tem de ter um Criador. A Regra 12 citou David Hume, para quem o mundo não guarda semelhança suficientemente pertinente com uma casa para que a analogia seja bem-sucedida. Na Parte V de seus *Diálogos*, Hume também propôs uma *reductio ad absurdum* dessa analogia. Parafraseando-a:

> Suponhamos que o mundo tenha um Criador, como a casa. Ora, quando as casas não são perfeitas, sabemos a quem responsabilizar: os marceneiros e pedreiros que a fizeram. Mas o *mundo* também não é totalmente perfeito.

Portanto, parece decorrer daí que o Criador do mundo também não é perfeito. Mas qualquer um consideraria essa conclusão absurda. A única forma de evitar o absurdo, entretanto, é rejeitar a suposição que conduz a ele. Portanto, o mundo não tem um Criador tal como as casas têm.

Em forma de *reductio*, o argumento fica assim:

A ser provado: O mundo não tem um Criador como as casas têm.
Presumindo-se o oposto: O mundo *tem* um Criador como as casas têm.
Argumentar que, a partir do presumido, teríamos de concluir: O Criador é imperfeito (porque as casas são imperfeitas).
Mas: Deus não pode ser imperfeito.
Concluir: O mundo não tem um Criador tal como as casas têm.

Nem todos achariam "absurda" a ideia de um Deus imperfeito, é claro, mas Hume sabia que os cristãos com quem estava discutindo não podiam aceitá-la.

30. Argumentos dedutivos em várias etapas

Muitos argumentos dedutivos válidos são *combinações* das formas simples apresentadas nas Regras 24 a 29. Eis aqui, por exemplo, Sherlock Holmes fazendo uma dedução simples para esclarecer Watson, ao mesmo tempo que tece comentários sobre o papel relativo desempenhado pela observação e pela dedução. Holmes comentara casualmente que Watson estivera em certa agência dos correios aquela manhã e, além disso, enviara um telegrama durante essa visita. "Correto!", responde Watson impressionado, "Correto nos dois casos! Mas confesso que não entendo como descobriu isso". Holmes responde:

"Elementar... A observação me mostra que você tem uma pequena nódoa avermelhada na parte interna do sapato. Logo em frente à Agência de Correio da Wigmore Street, a calçada foi arrancada e a terra ficou à mostra, num lugar tal que é difícil não pisar nela ao entrar. Essa terra possui uma coloração avermelhada peculiar que, até onde sei, não se encontra em nenhum outro ponto das redondezas. Isso foi o que pude observar. O resto é dedução."
[Watson]: "De que modo, então, deduziu o telegrama?"
[Holmes]: "Ora, eu sabia muito bem que você não havia escrito uma carta, uma vez que estive sentado à sua frente a manhã inteira. Também estou vendo na sua escrivaninha aberta, ali adiante, que você tem uma folha de selos e uma grossa pilha de cartões-postais. Para que, então, visitaria a agência de correio senão para passar um telegrama? Eliminem-se todos os demais fatores, e o único que restar terá de ser o verdadeiro."*

Transpondo a dedução de Holmes para premissas mais claras, poderíamos ter o seguinte:

    1. Watson tem uma pequena nódoa avermelhada nos sapatos.

    2. Se Watson tem uma pequena nódoa avermelhada nos sapatos, então ele esteve na Agência de Correios e Telégrafos da Wigmore Street hoje de manhã (porque somente lá existe esse tipo de terra avermelhada à mostra, num lugar tal que é difícil não pisar nela).

    3. Se Watson esteve na Agência de Correios e Telégrafos da Wigmore Street hoje de manhã, ou enviou uma

---

* A. Conan Doyle, *The Sign of Four* (Garden City, NY: Doubleday & Co., 1974), pp. 17-8.

carta, ou comprou selos ou cartões, ou mandou um telegrama.
4. Se Watson tivesse ido aos correios para enviar uma carta, ele a teria escrito hoje de manhã.
5. Watson não escreveu nenhuma carta hoje de manhã.
6. Se Watson tivesse ido aos correios para comprar selos ou cartões, ele não teria, antes dessa visita, uma gaveta cheia de selos e cartões.
7. Watson, antes dessa visita, tinha a gaveta repleta de selos e cartões.
8. Portanto, Watson mandou um telegrama na Agência de Correios e Telégrafos da Wigmore Street hoje de manhã.

Agora, temos de desmembrar o argumento numa série de argumentos válidos sob as formas simples apresentadas nas Regras 24 a 29. Podemos começar com um silogismo hipotético:

2. Se Watson tem uma pequena nódoa avermelhada nos sapatos, então ele esteve na Agência de Correios e Telégrafos da Wigmore Street hoje de manhã.
3. Se Watson esteve na Agência de Correios e Telégrafos da Wigmore Street hoje de manhã, ou enviou uma carta, ou comprou selos ou cartões, ou mandou um telegrama.
A. Portanto, se Watson tem uma pequena nódoa avermelhada de terra nos sapatos, ou ele enviou uma carta, ou comprou selos ou cartões, ou mandou um telegrama na Agência de Correios e Telégrafos da Wigmore Street hoje de manhã.

(Usarei *A*, *B*, etc. para representar as conclusões dos argumentos simples, que poderão, por sua vez, ser usadas como premissas para novas conclusões.) Com A e 1, podemos aplicar o *modus ponens*:

A. Se Watson tem uma pequena nódoa avermelhada nos sapatos, ou ele enviou uma carta, ou comprou selos ou cartões, ou mandou um telegrama na Agência de Correios e Telégrafos da Wigmore Street hoje de manhã.
1. Watson tem uma pequena nódoa avermelhada nos sapatos.
B. Portanto, ou Watson mandou uma carta, comprou selos ou cartões, ou enviou um telegrama na Agência de Correios e Telégrafos da Wigmore Street hoje de manhã.

Duas dessas três possibilidades podem agora ser descartadas, ambas por *modus tollens*.

4. Se Watson tivesse ido ao correio para mandar uma carta, ele teria escrito a carta hoje de manhã.
5. Watson não escreveu nenhuma carta hoje de manhã.
C. Portanto, Watson não foi ao correio para mandar uma carta.

e:

6. Se Watson tivesse ido ao correio para comprar selos ou cartões, ele não teria, antes dessa visita, uma gaveta cheia de selos e cartões.
7. Watson já tinha, antes dessa visita, uma gaveta cheia de selos e cartões.
D. Portanto, Watson não foi ao correio para comprar selos ou cartões.

Finalmente, podemos juntar tudo:

B. Ou Watson mandou uma carta, comprou selos ou cartões, ou enviou um telegrama na Agência de Correios e Telégrafos da Wigmore Street hoje de manhã.
C. Watson não foi ao correio para mandar uma carta.

D. Watson não foi ao correio para comprar selos ou cartões.

8. Portanto, Watson foi enviar um telegrama na Agência de Correios e Telégrafos da Wigmore Street hoje de manhã.

Essa última inferência é um silogismo disjuntivo ampliado. "Eliminem-se todos os demais fatores, e o único que restar terá de ser o verdadeiro."

VII. COMO COMPOR UM ENSAIO ARGUMENTATIVO

A. COMO EXPLORAR O TEMA

Deixaremos agora os argumentos curtos e passaremos para a redação de argumentos mais longos; de argumentos em parágrafos para argumentos em ensaios. O ensaio argumentativo consiste, muitas vezes, na elaboração de um argumento curto, ou de uma série de argumentos curtos encadeados numa estrutura mais ampla. Mas o processo de concepção e organização de um ensaio argumentativo torna-o muito diferente de um argumento curto.

Este capítulo e os próximos dois correspondem aos três estágios de composição de um ensaio argumentativo. Aqui se discute *como explorar o tema*; o Capítulo VIII analisa os *pontos principais* do ensaio argumentativo; e o Capítulo IX trata da *redação* do ensaio propriamente dito. As regras nesses capítulos trazem os prefixos *A*, *B* e *C*.

Na Introdução fizemos a distinção entre as duas principais aplicações dos argumentos: *investigar* os méritos de uma opinião e *defender* a opinião depois de a investigação ter rendido seus frutos. O primeiro passo é a investigação. Antes de redigir um ensaio argumentativo, é preciso examinar a questão e pensar detidamente, por si próprio, nas diversas opiniões.

A1. Explore os argumentos de todos os lados da questão

Algumas pessoas propuseram um "plano de cupons" para os ensinos fundamental e médio. Segundo esse plano, o dinheiro dos impostos que atualmente vai para o sistema público de ensino seria dividido por igual entre os pais de alunos na forma de "cupons" que eles poderiam transferir para a escola de sua escolha, incluindo colégios particulares e religiosos. O governo regulamentaria as escolas concorrentes para assegurar que todas mantivessem padrões mínimos, mas as pessoas teriam a liberdade de escolher a escola que quisessem, desde que atendidos esses padrões.

Suponhamos que o plano de cupons fosse o tema de seu ensaio argumentativo. *Não* comece escrevendo apressadamente um argumento baseado na primeira opinião que lhe vier à cabeça. Ninguém quer saber qual é a primeira opinião que lhe ocorre. O que se pretende é que você chegue a uma opinião bem embasada que possa ser defendida com argumentos sólidos. Isso leva algum tempo.

Em primeiro lugar, descubra quais são os argumentos mais fortes utilizados por cada lado para sustentar sua posição. Leia artigos ou converse com pessoas que tenham diferentes pontos de vista.

O argumento mais forte dos que são favoráveis aos cupons será, provavelmente, a "liberdade de escolha". O plano de cupons, segundo eles dizem, resultaria num leque mais amplo de instituições de ensino alternativas do que o atual, e não penalizaria os pais por escolherem uma escola em vez de outra (como acontece no sistema atual, no qual todos têm de pagar impostos para financiar as escolas públicas mesmo quando os filhos não as frequentam). O principal argumento *contra* os cupons é que as escolas públicas são um espelho da vida real: temos de aprender a conviver com pessoas diferentes de nós e respeitá-las, e também com aqueles com quem talvez *não* quiséssemos dividir a sala de aula se tivéssemos escolha. As escolas públicas, costuma-se dizer, formam cidadãos democráticos.

Quando examinar a questão, você encontrará argumentos favoráveis e argumentos contrários a essas opiniões. E começará a formular, você mesmo, seus próprios argumentos. Analise esses argumentos utilizando as regras dos Capítulos I a VI. Experimente diversas formas argumentativas, construa o melhor argumento que puder para cada lado e, em seguida, critique esses argumentos valendo-se das regras.

Tomemos os argumentos por analogia como exemplo. Já tentamos alguma coisa *semelhante* ao sistema de cupons antes? Talvez: faculdades e universidades concorrentes, embora não sejam pagas por cupons, costumam oferecer uma formação variada e de qualidade, o que pode significar que um sistema em que haja concorrência entre escolas de ensino fundamental e médio poderia apresentar resultados semelhantes. Mas certifique-se de que o exemplo tenha semelhança pertinente. Atualmente, por exemplo, muitas faculdades e universidades dependem de impostos e, pelo menos em teoria, têm sensibilidade democrática. Será que um sistema sem tais instituições públicas ofereceria cursos de qualidade para tantas pessoas? Será que promoveria a convivência de pessoas tão diferentes?

Talvez as escolas vinculadas ao plano de cupons tenham semelhanças mais pertinentes com as atuais escolas religiosas ou particulares. Nesse caso, você também vai precisar de argumentos que utilizem exemplos ou citem fontes autorizadas. As escolas religiosas ou particulares são boas em comparação com as escolas públicas? Formam pessoas que convivem bem com outras pessoas?

Argumentos dedutivos também podem ser úteis. Eis um silogismo hipotético:

> Se implementássemos um plano de cupons, as escolas competiriam por alunos.
> Se as escolas competissem por alunos, elas lançariam mão de publicidade e promoções para incentivar os pais a fazer "pesquisa de preços".
> Se os pais fossem incentivados a fazer "pesquisa de preços", muitos pais ficariam mudando os filhos de escola em escola.
> Se muitos pais mudassem os filhos de escola em escola, muitas crianças deixariam de ter amizades duradouras ou de se sentir seguras no seu ambiente.
> Portanto, se implementássemos um plano de cupons, muitas crianças deixariam de ter amizades duradouras ou de se sentir seguras no seu ambiente.

Como a Regra 26 ressaltou, os silogismos hipotéticos podem ser usados para explicar as relações de causa e efeito. Também podem ser usados para *esclarecer* quais podem ser essas relações quando não temos certeza de que *exista* uma relação.

A2. Conteste e defenda as premissas de cada argumento

Quando as próprias premissas de um argumento estão sujeitas a contestação, também é preciso considerar argumentos a favor *delas*.

Suponha que estejamos analisando o silogismo hipotético que acabamos de esboçar.

Um argumento a favor da segunda premissa ("Se as escolas competissem por alunos, elas lançariam mão de publicidade e promoções para incentivar os pais a fazer "pesquisa de preços") poderia recorrer a uma analogia:

> Quando as lojas competem por consumidores, elas tentam oferecer condições e serviços especiais para se tornar mais atraentes que a concorrência, e investem agressivamente em propaganda para atrair novos clientes e chamar de volta os antigos. Então, as outras lojas, por sua vez, reagem com mais promoções e anúncios especiais. Os consumidores são atraídos de loja em loja; acreditam que podem conseguir as melhores oportunidades fazendo pesquisa de preços. Aconteceria a mesma coisa com escolas concorrentes. Cada escola faria publicidade e ofertas especiais, e as outras escolas procurariam reagir. Os pais fariam pesquisa de preços exatamente como fazem hoje os clientes de supermercados ou lojas de departamentos.

Nem toda afirmação precisa de muita defesa. A primeira premissa do silogismo hipotético ("Se implementássemos um plano de cupons, as escolas competiriam por alunos") é óbvia o suficiente para que seja enunciada sem muita argumentação: essa é exatamente a *tese* do plano de cupons. Já a segunda premissa pedia um argumento, assim como a quarta ("Se muitos pais mudassem os filhos de escola em escola, muitas crianças deixariam de ter amizades duradouras ou de se sentir seguras no seu ambiente"). Você talvez tenha de defender também algumas premissas *desses* argumentos. No argumento a favor da segunda premissa que acabamos de apresentar, você poderia acrescentar exemplos para demonstrar que as lojas de fato fazem ofertas especiais e investem agressivamente em propaganda quando a concorrência é acirrada.

Todo enunciado passível de contestação razoável precisa, no mínimo, de alguma forma de defesa. Obviamente, o espaço limitará o que você tem a dizer. Dadas as limitações de espaço e tempo, priorize a argumentação a favor dos enunciados mais importantes ou controversos. Mesmo nesse caso, porém, cite pelo menos *alguma* prova ou autoridade em prol dos outros enunciados que permaneçam questionáveis.

A3. Repasse e repense os argumentos à medida que surgem

As Regras A1 e A2 descrevem um *processo*. Pode ser necessário experimentar diversas conclusões – até mesmo conclusões opostas – antes de encontrar uma opinião que possa ser defendida com argumentos fortes. Mesmo depois de ter escolhido a conclusão que deseja defender, você talvez tenha de experimentar diversas formas de argumento antes de encontrar uma que realmente funcione. Muito provavelmente, seu argumento inicial terá de ser aprimorado. Muitas das regras dos Capítulos I a VI mostram como aprimorar e ampliar argumentos curtos: acrescentando exemplos a um argumento por exemplo (Regra 8), citando e explicando as qualificações de uma autoridade (Regras 13 e 14), e assim por diante. Às vezes, você não conseguirá encontrar exemplos suficientes, e então terá de mudar de abordagem (ou de opinião!). Às vezes, procuramos uma autoridade para apoiar uma alegação que desejamos fazer e descobrimos que a maioria dos especialistas pensa exatamente o contrário (você provavelmente terá de mudar de idéia) ou que as pessoas mais bem informadas ainda discordam frontalmente umas das outras (e, assim, é simplesmente impossível argumentar com base numa fonte autorizada; lembre-se da Regra 16).

Não se apresse – dê a si mesmo bastante tempo. Nessa etapa a revisão é tarefa simples e as experimentações não exigem muito. Você pode mudar de ideia sem constrangimentos, e, com efeito, talvez seja obrigado a fazer isso. Para alguns, essa é a parte mais gratificante e criativa do processo de redação. Utilize-a bem!

VIII. Como compor um ensaio argumentativo

B. OS PONTOS PRINCIPAIS DO ENSAIO

Vamos supor que você chegou a uma conclusão que, a seu ver, pode ser defendida a contento. Agora, é preciso *organizar* seu ensaio de tal modo que ele englobe tudo o que é necessário para que seu argumento se apresente do modo mais eficaz. Pegue uma folha grande de papel de rascunho e um lápis; hora de preparar o esboço.

B1. Explique a questão

Comece enunciando a questão a que você está respondendo. Em seguida, explique-a. Por que ela é importante? Quais são as implicações da resposta? Se estiver fazendo uma proposta para futuras ações ou políticas, como o plano de cupons, comece mostrando que, no momento presente, temos um *problema*. Por que as pessoas deveriam partilhar da sua preocupação ou se interessar por suas ideias de mudança? O que levou *você* a se interessar pelo tema?

Pense no seu público-alvo. Se estiver escrevendo para um jornal ou para uma apresentação pública, seu público-alvo pode desconhecer o tema ou a gravidade dele. Seu papel é informá-lo. Descrever o problema pode ser útil mesmo quando não se trata de uma novidade. Ajuda a esclarecer a proposta – que problema você está tentando solucionar? – e pode refrescar a memória de quem conhece o problema mas não refletiu sobre sua importância. Se estiver redigindo um ensaio acadêmico, porém, não procure repetir todo o histórico do tema. Informe-se sobre quanta informação pregressa seu orientador espera que você apresente.

Para justificar seu interesse por determinada questão ou tema, pode ser preciso apelar para valores e padrões coletivos. Às vezes, esses valores são simples e consensuais. Se você tem uma proposta sobre segurança no trânsito, provavelmente constatará que as metas referentes a esse tema são óbvias e consensuais. Ninguém gosta de acidentes de trânsito. Outros argumentos podem apelar para valores partilhados por um grupo específico, como os códigos profissionais de ética, ou para valores institucionais, como as normas de conduta dos alunos numa escola. Podem apelar para a Constituição ou ideais políticos em comum, como liberdade e justiça. Podem apelar para valores éticos em comum, como o valor sagrado da vida e a importância do crescimento e da autonomia do indivíduo, ou para valores sociais generalizados, como a beleza e a curiosidade intelectual.

B2. Faça uma afirmação ou proposta clara

Se estiver fazendo uma proposta, seja específico. "É preciso fazer algo" não é de fato uma proposta. Não é preciso ser prolixo. "Todos devem tomar um bom café da manhã" é uma proposta específica, mas também simples. Entretanto, se deseja argumentar que os Estados Unidos deveriam institucionalizar um plano de cupons, é preciso explicar um pouco mais a ideia básica, de que modo os pagamentos funcionariam, e assim por diante. Do mesmo modo, se estiver fazendo uma afirmação filosófica, ou defendendo a sua interpretação de um texto ou acontecimento, primeiro faça a sua afirmação *de forma simples* ("Deus existe"; "A Guerra Civil americana foi causada principalmente por conflitos econômicos"; e assim por diante). Elabore-a mais tarde, se for necessário.

Se o seu objetivo é simplesmente examinar alguns dos argumentos contrários ou favoráveis a uma afirmação ou proposta, não é preciso fazer uma proposta própria nem chegar a uma conclusão específica. Por exemplo, você pode examinar apenas uma linha de argumentação numa polêmica. Se for assim, deixe claro de imediato que é isso o que está fazendo. Às vezes, sua conclusão pode ser simplesmente que os argumentos contrários ou favoráveis a alguma posição ou proposta não são conclusivos. Ótimo! Mas deixe que essa conclusão fique clara imediatamente. Comece dizendo: "Neste ensaio, defenderei que os argumentos a favor de X não são conclusivos." Do contrário, o *seu* ensaio parecerá inconclusivo!

B3. Desenvolva completamente seus argumentos

Quando tiver exposto de modo claro a importância do tema que vai abordar, e depois de definir exatamente o objetivo de seu trabalho, você estará pronto para desenvolver o argumento principal.

Planejar é importante. Seu trabalho tem limites: Não cerque mais terras do que será capaz de arar. Um único argumento bem desenvolvido é melhor que três meramente esboçados. *Não* use todos os argumentos que lhe ocorrerem para defender sua posição — seria o mesmo que escolher dez baldes furados em vez de um único que possa reter a água. (Além disso, os diferentes argumentos nem sempre serão compatíveis!) Concentre-se no melhor argumento que tiver, talvez nos dois melhores.

Se estiver fazendo uma proposta, é preciso mostrar que ela resolverá o problema em questão. Às vezes, a simples exposição da proposta é suficiente. Se o problema for a debilidade orgânica causada pela falta de um café da manhã completo, então ingerir um café da manhã completo é a solução óbvia. Se a sua proposta, porém, é que os Estados Unidos implementem um plano de cupons, então será necessário argumentar mais detidamente. Você terá de mostrar que o plano de cupons realmente incentivaria a liberdade de escolha, que ele daria acesso a várias escolas e que essas escolas representariam um claro avanço sobre as escolas atuais. Terá de argumentar sobre causa e efeito, utilizar exemplos etc., aplicando as regras discutidas nos capítulos anteriores. Use os argumentos que começamos a desenvolver no Capítulo VII.

Se estiver defendendo uma afirmação filosófica, esse é o momento de desenvolver suas principais razões (ou razão principal). Se estiver argumentando sobre a sua interpretação de um texto ou acontecimento, é o momento de explicar os detalhes do texto ou acontecimento e desenvolver os pormenores da sua interpretação. Se o seu ensaio for uma análise de alguns argumentos de uma controvérsia, explique esses argumentos e as razões da sua análise. Mais uma vez, lembre-se das regras dos capítulos anteriores. Se for apoiar sua afirmação com um argumento que utiliza exemplos, reúna exemplos suficientes, exemplos representativos, e assim por diante. Se usar a forma dedutiva, certifique-se de que seja válida e lembre-se de defender quaisquer premissas questionáveis.

B4. Considere as objeções

Antecipe-se às perguntas céticas. Sua proposta é economicamente viável? Levaria tempo demais? Já foi tentada antes? É possível arregimentar pessoas para implementá-la? Se parecer muito difícil implementá-la, admita esse fato; argumente que vale a pena implementá-la mesmo assim.

A maioria das propostas tem diversos efeitos, não apenas um. É preciso considerar as *des*vantagens que poderiam advir da sua proposta. Antecipe-se às desvantagens que as pessoas poderiam apresentar como objeções; seja o primeiro a mencioná-las e oferecer resposta a elas. Argumente que as vantagens são maiores que as desvantagens (e certifique-se, após ter refletido a respeito, de que isso seja verdade!). De fato, o plano de cupons pode trazer instabilidade para as escolas, mas isso talvez seja um preço pequeno a pagar para que as escolas atendam melhor aos desejos dos pais e da sociedade. Você também pode argumentar que algumas possíveis desvantagens não chegarão a se concretizar. Talvez as escolas *não* se tornem mais instáveis. Afinal (use um argumento por analogia), as empresas não se desestabilizam quando são obrigadas a se adaptar às mudanças nas preferências dos consumidores.

Antecipe-se às objeções contra sua afirmação ou interpretação. Se estiver escrevendo um trabalho acadêmico, procure críticas a ela nos textos do curso. Depois de estudar detidamente a questão, você também encontrará objeções conversando com pessoas que tenham opiniões diferentes, ou nas suas leituras pregressas. Examine essas objeções, escolha as mais fortes e frequentes e procure responder a elas.

B5. Considere alternativas

Trata-se de uma regra óbvia, mas constantemente negligenciada. Se estiver defendendo uma proposta, não é suficiente mostrar que ela solucionará o problema. Você também deve mostrar que, diante das circunstâncias, ela é *melhor* que outros modos plausíveis de resolver o problema.

> As piscinas da cidade de Charlotte estão superlotadas, sobretudo nos fins de semana. Portanto, Charlotte deveria investir em mais piscinas!

Esse argumento é fraco sob vários aspectos. "Superlotadas" é vago, assim como a proposta. Porém, fortalecer os pontos fracos não justificará a conclusão. Outros modos mais razoáveis de pôr fim à superlotação podem ser possíveis. Talvez as piscinas devam abrir mais horários para que as pessoas possam se distribuir melhor pelos períodos disponíveis. Talvez os horários menos frequentados devam ser mais divulgados. Talvez o horário de funcionamento das piscinas possa ser estendido (as pessoas podem nadar à noite!). Talvez as equipes de natação e outras atividades com uso exclusivo da piscina devam ser vetadas nos fins de semana. Ou talvez Charlotte não deva promover nenhuma mudança, deixando que os usuários se redistribuam por si mesmos. Se você ainda quiser argumentar que Charlotte deveria investir em mais piscinas, será preciso mostrar que a sua proposta é melhor do que qualquer uma dessas alternativas (bem menos dispendiosas).

Do mesmo modo, se estiver interpretando um texto ou acontecimento, será preciso considerar interpretações alternativas. Por mais perspicaz e criteriosa que seja a sua explicação para determinado evento, pode haver uma outra explicação mais provável. Você precisa mostrar que as explicações diferentes são *menos* prováveis – lembre-se da Regra 19. Até mesmo as asserções filosóficas possuem alternativas. Será que o argumento da criação (mencionado na Regra 12), por exemplo, mostra que *Deus* existe, ou apenas que existe um *Criador* que não necessariamente é tudo o que imaginamos quando empregamos a palavra "Deus"? Argumentar não é fácil!

IX. COMO COMPOR UM ENSAIO ARGUMENTATIVO

C. A REDAÇÃO

Você se debruçou sobre a questão e preparou um esboço. Finalmente, está pronto para escrever o ensaio propriamente dito. Lembre-se mais uma vez que escrever a versão formal é o *último* passo! Se acabou de pegar este livro e o abriu direto neste capítulo, reflita: existe uma razão para que este seja o último capítulo, e não o primeiro. Como disse um velho irlandês quando um turista perguntou-lhe o caminho de Dublin: "Se você quer chegar a Dublin, não comece por aqui."

Lembre-se também que as regras dos Capítulos I a VI se aplicam à redação de um ensaio tanto quanto à redação de argumentos curtos. Repasse, especialmente, as regras do Capítulo I. Seja concreto e conciso; evite linguagem apelativa; e assim por diante. O que vem a seguir são algumas regras adicionais específicas para a redação de ensaios argumentativos.

C1. Siga seu esboço

No capítulo anterior você foi orientado a usar uma folha de rascunho para traçar um esboço do ensaio argumentativo: explicar a questão, fazer uma afirmação clara etc. Agora, siga seu esboço e comece a escrever. Não passe de um ponto para outro que, embora relacionado, deva entrar mais tarde. Se, ao escrever, você perceber que as partes do ensaio não estão se concatenando harmoniosamente, pare e corrija o esboço; então, siga o novo.

C2. Faça uma introdução breve

Alguns alunos ocupam toda a primeira página de um ensaio argumentativo de quatro páginas apenas com a introdução, muitas vezes com informações vagas e irrelevantes.

NÃO:
Durante séculos, os filósofos têm debatido sobre a existência de Deus...

Isso é enrolação. Não é novidade para ninguém. Vá direto ao ponto.

SIM:
Neste ensaio, provarei que Deus existe.

Ou

Este estudo provará que a implementação de um sistema de cupons para os ensinos fundamental e médio contribuiria para aumentar a intolerância e o isolamento entre pessoas de classes diferentes na sociedade.

C3. Apresente os argumentos um de cada vez

Como regra geral, defenda um argumento por parágrafo. Incluir argumentos distintos no mesmo parágrafo só faz confundir o leitor e abrir uma brecha para que aspectos importantes sejam negligenciados.

Utilize seu argumento principal para planejar os parágrafos. Vamos supor que você queira argumentar contra o sistema de cupons baseando-se na ideia de que, nesse sistema, as crianças não formariam amizades duradouras e não se sentiriam seguras no seu ambiente. Primeiro, deixe bem claro qual é a sua intenção (Regra B2). Em seguida, você pode usar o silogismo hipotético já traçado:

> Se implementássemos um plano de cupons, as escolas competiriam por alunos.
> Se as escolas competissem por alunos, elas lançariam mão de publicidade e promoções para incentivar os pais a fazer "pesquisa de preços".
> Se os pais fossem incentivados a fazer "pesquisa de preços", então muitos pais ficariam mudando os filhos de escola em escola.
> Se muitos pais mudassem os filhos de escola em escola, muitas crianças deixariam de ter amizades duradouras ou de se sentir seguras no seu ambiente.
> Portanto, se implementássemos um plano de cupons, muitas crianças deixariam de ter amizades duradouras ou de se sentir seguras no seu ambiente.

Proponha esse argumento pela primeira vez num parágrafo que comece com "Meu principal argumento é que..." Talvez você não queira incluir aí todos os passos, mas dê ao leitor uma ideia clara do que você pretende. A seguir, para explicar e defender esse argumento, dedique um parágrafo para cada premissa. O primeiro parágrafo pode ser breve, já que a primeira premissa não exige muita defesa; limite-se a explicar que está falando da ideia do plano de cupons. O segundo parágrafo pode ser o argumento curto a favor da segunda premissa sugerido na Regra A2.

Siga esse modelo em todos os argumentos, não apenas nas deduções. Lembre-se do argumento mostrado na Regra 8:

> O direito da mulher ao voto só foi conquistado após muita luta.
> O direito de a mulher frequentar faculdades e universidades só foi conquistado após muita luta.
> O direito da mulher a oportunidades de emprego iguais só está sendo conquistado após muita luta.
> Portanto, todos os direitos das mulheres só são conquistados após muita luta.

Mais uma vez, um bom ensaio deve primeiro explicar a importância do tema, expondo claramente, em seguida, a conclusão, para só então dedicar um parágrafo (às vezes, diversos parágrafos) a cada premissa. No argumento acima, um parágrafo defenderia a primeira premissa, explicando de que modo as mulheres ganharam o direito ao voto; outros parágrafos defenderiam a segunda premissa, mostrando, com exemplos, como foi grande a luta das mulheres para começar a frequentar faculdades e universidades; e assim por diante.

Observe, nos dois argumentos anteriores, a importância de usar sempre os mesmos termos (Regra 6). Quando premissas claramente relacionadas como essas se tornam os enunciados principais de parágrafos separados, o paralelismo evidente na formulação dá coesão ao ensaio.

C4. Explique, explique, explique

Pode ser que você saiba exatamente o que quer dizer, que tudo esteja claro para você. Mas nem sempre está claro para as outras pessoas. Pontos que você considera conexos podem parecer completamente desconexos para quem está lendo o seu ensaio. Assim, é fundamental explicar as relações entre as ideias, mesmo que elas pareçam evidentes para você. *De que modo* as premissas se encadeiam entre si para sustentar sua conclusão?

NÃO:
Poder escolher entre muitas escolas é melhor que ter apenas uma única escolha. Esse é um tradicional valor americano. Assim, devemos implementar um sistema de cupons.

Qual é a relação entre a diversidade de escolas e "um tradicional valor americano"? À primeira vista, aliás, a afirmação do autor soa falsa. Tradicionalmente, os Estados Unidos têm favorecido a escola pública. Explicando-a com mais vagar, porém, percebemos que existe aí uma ideia importante.

SIM:
Poder escolher entre muitas escolas é melhor que ter apenas uma única escolha. Os americanos sempre valorizaram o direito de escolha. Queremos ter opção entre diferentes carros e alimentos, entre diferentes candidatos a cargos eletivos, entre diferentes igrejas. O sistema de cupons não faz senão estender esse princípio às escolas. Assim, devemos implementar um sistema de cupons.

A clareza é importante tanto para você como para os leitores. Pontos que para você *parecem* relacionados podem não ter relação *real*, e, ao tentar clarificar as relações, você descobrirá que o que lhe parecia evidente não é, na verdade, nem um pouco claro. Já vi muitas vezes estudantes entregarem um ensaio que consideravam impecável e cristalino e ficarem surpresos, ao recebê-lo de volta, por mal conseguirem compreender o que eles mesmos estavam pensando quando o compuseram! (A nota, provavelmente, também não os deixou nada contentes.) Um bom teste de clareza é pôr o primeiro rascunho de lado por um ou dois dias e depois relê-lo. O que parecia claro tarde da noite numa segunda-feira pode não fazer muito sentido na quinta de manhã. Outro bom teste é dar o ensaio para um amigo ler. Incentive-o a ser crítico!

Você talvez tenha de explicar também o sentido em que está usando certos termos-chave. No que diz respeito ao ensaio, pode ser necessário emprestar a termos comuns um sentido mais preciso que o normal. Não haverá problema se você *explicar* a nova definição e (é claro) respeitá-la.

C5. Sustente as objeções com argumentos

Naturalmente, será necessário desenvolver seus próprios argumentos com profundidade e atenção, mas também é preciso desenvolver possíveis argumentos *contrários* de maneira detalhada e cuidadosa, ou até com a mesma profundidade dedicada aos seus próprios. Suponhamos, por exemplo, que você esteja defendendo um plano de cupons. Quando chegar o momento de tratar das objeções (Regra B4) e das alternativas (B5), reflita sobre como as pessoas argumentariam contrariamente ao seu plano.

NÃO:
Alguém poderia fazer objeção ao sistema de cupons por considerá-lo injusto com pessoas de baixa renda ou crianças com deficiência. Mas *eu* acredito que...

Por que alguém diria que o sistema de cupons é injusto? A que *argumentos* (razões, não apenas conclusões) você está oferecendo uma resposta?

SIM:
    Alguém poderia fazer objeção ao sistema de cupons por considerá-lo injusto com pessoas de baixa renda ou crianças com deficiência. Crianças com deficiência podem exigir mais recursos pedagógicos do que crianças sem necessidades especiais, por exemplo, mas, num sistema de cupons, seus pais receberiam tão-somente o mesmo cupom que todos os demais. Esses pais poderiam não conseguir completar a diferença, e as crianças acabariam recebendo menos do que deveriam.
    A objeção que diz respeito às famílias de baixa renda, tal como eu a entendo, é a seguinte: as famílias de baixa renda podem só conseguir mandar seus filhos para escolas de baixo custo que não cobrem nada acima nem além do cupom, enquanto os ricos podem pagar escolas melhores e mais plurais. Portanto, pode-se objetar que o sistema de cupons representa "liberdade de escolha" apenas para os ricos.
    Eu responderia a essas objeções do seguinte modo...

Agora está claro de que objeções se trata, e você pode tentar responder a elas adequadamente. Pode, por exemplo, propor cupons especiais para alunos com deficiência. Talvez você nem pensasse nessa possibilidade se não tivesse detalhado os argumentos por trás das objeções, e seus leitores certamente não entenderiam a ideia dos cupons especiais, mesmo que você os tivesse mencionado.

C6. Não afirme mais do que demonstrou

Termine sem preconceitos.

NÃO:
Concluindo, todas as razões parecem favorecer o plano de cupons, e nenhuma das objeções consegue se sustentar. Obviamente, os Estados Unidos devem adotar um plano de cupons o mais rápido possível.

SIM:
Neste ensaio, procurei provar que os Estados Unidos têm pelo menos uma boa razão para adotar o plano de cupons. Embora algumas pessoas tenham sérias objeções a ele, é possível modificar o sistema de cupons a fim de contorná-las. Vale a pena tentar.

Talvez a segunda versão exagere na outra direção, mas você entendeu. Raramente será possível responder adequadamente a todas as objeções, e, mesmo que você o faça, novos problemas podem surgir depois. "Vale a pena tentar" é a melhor postura.

X. FALÁCIAS

Falácias são argumentos capciosos. Muitas são tão tentadoras, e, portanto, tão frequentes, que receberam nomes específicos. Isso pode levar a crer que são um tópico novo, à parte. Na verdade, porém, chamar algo de falácia não é senão outra forma de dizer que isso viola uma das regras dos *bons* argumentos. A falácia da "falsa causa", por exemplo, é apenas uma conclusão questionável sobre causa e efeito, e basta consultar o Capítulo V para entender do que se trata.

Para compreender a falácia, portanto, é preciso compreender a regra que está sendo violada. Este capítulo começa explicando duas falácias bastante generalizadas fazendo referência a algumas das regras contidas neste livro. Em seguida, apresentamos uma breve lista e a explicação para uma série de falácias específicas, incluindo os nomes latinos quando seu uso é frequente.

As duas grandes falácias

Uma das tentações mais comuns é tirar conclusões a partir de elementos muito escassos. Por exemplo, se o primeiro lituano que eu conhecer tiver um temperamento colérico, eu posso chegar à conclusão precipitada de que *todos* os lituanos possuem temperamento colérico. Se um navio desaparece no Triângulo das Bermudas, o *National Enquirer* declara que a região é mal-assombrada. Essa é a falácia da *generalização por informação incompleta*.

Note quantas regras expostas nos Capítulos II a VI combatem essa falácia. A Regra 8 pede mais de um exemplo: ninguém pode tirar uma conclusão sobre todo o corpo discente de uma faculdade baseando-se em si mesmo ou num colega de alojamento. A Regra 9 pede exemplos que sejam representativos: ninguém pode tirar uma conclusão sobre todo o corpo discente de uma faculdade baseando-se nos amigos que se fez ali, mesmo que sejam muitos. A Regra 10 pede informação suplementar: se alguém tirar uma conclusão sobre o corpo discente de uma faculdade baseando-se numa amostragem de trinta pessoas, será preciso saber o tamanho do corpo discente (30 alunos? 30 mil?). Argumentos baseados em fontes autorizadas pedem que a *autoridade* não cometa excessos de generalização: ele ou ela tem de possuir as informações e qualificações que justifiquem a opinião citada por você. A Regra 19 adverte-nos para não presumir que, só porque encontramos uma das causas possíveis para um acontecimento, esta é, de fato, *a* causa. Outras causas podem ser ainda mais prováveis.

Uma segunda falácia comum é *ignorar alternativas*. As Regras 20 a 23 ressaltam que o fato de existir uma correlação entre os acontecimentos A e B não implica necessariamente que A cause B. B poderia causar A; alguma outra coisa poderia causar *tanto* A como B; A poderia causar B *e* B poderia causar A; ou A e B podem nem sequer ter relação entre si. Essas explicações alternativas podem ser negligenciadas se aceitarmos a primeira explicação que nos ocorre. Não tenha pressa; normalmente, existem muito mais explicações alternativas do que pensamos.

Por exemplo, considere este argumento sobre causas:

Uma boa forma de evitar o divórcio é fazer amor com frequência, porque os números mostram que os cônjuges que fazem amor com frequência raramente pensam em divórcio.

A vida sexual ativa está correlacionada com a manutenção do matrimônio e, portanto, é considerada a *causa* (ou *uma* causa) da manutenção do casamento. Mas continuar casado também pode levar a uma atividade sexual mais frequente. Ou outra coisa (amor, atração!) pode ser a causa tanto de uma vida sexual mais frequente como da manutenção do casamento. Ou cada uma dessas coisas pode ser a causa da outra. Ou talvez não haja nenhuma relação entre fazer amor e manter o casamento!

Também é muito comum negligenciar alternativas quando tomamos decisões. Duas ou três opções se destacam, e são as únicas que pesamos na balança. Em seu famoso ensaio "O existencialismo é um humanismo", o filósofo Jean-Paul Sartre conta a história de um aluno que, durante a ocupação nazista da França na Segunda Guerra Mundial, teve de escolher entre fazer uma viagem arriscada para a Inglaterra para lutar ao lado dos Franceses Livres ou ficar com sua mãe em Paris e cuidar dela. Sartre pinta o quadro como se o jovem tivesse ou que arriscar tudo numa viagem à Inglaterra e, assim, abandonar sua mãe, ou então comprometer-se integralmente com ela, abrindo mão de toda esperança de combater os nazistas. Mas, sem dúvida, havia outras possibilidades. Ele poderia ter ficado com a mãe e, ainda assim, colaborar com os Franceses Livres em Paris; ou poderia ter ficado com a mãe durante um ano para tentar assegurar o sustento dela e, aos poucos, viabilizar a viagem. Devemos imaginar que a mãe dele era totalmente dependente e egoísta, ou será possível talvez que ela fosse um pouquinho patriota e, quem sabe, até mesmo autossuficiente? Será que ele chegou a perguntar o que ela queria? Muito provavelmente, portanto, o estudante tinha outras opções.

Também nas questões éticas tendemos a ignorar as alternativas. Ou dizemos que o feto é um ser humano que tem os mesmos direitos que eu e você, ou então que se trata de um aglomerado de células desprovido de significado moral. Ou dizemos que toda forma de exploração de produtos de origem animal é errada ou que todas as formas atuais de exploração são aceitáveis, e assim por diante. No entanto, é evidente que existem outras possibilidades. Procure aumentar o número de opções a considerar em vez de estreitá-lo!

Algumas falácias clássicas

ad hominem: atacar a *pessoa* de uma autoridade em vez de suas qualificações. Ver a Regra 17.

ad ignorantiam (apelo à ignorância): argumentar que uma afirmação é verdadeira apenas porque não foi demonstrado que é falsa. Um exemplo clássico é a seguinte declaração do senador Joseph McCarthy, quando se exigiu dele uma prova que sustentasse sua acusação de que certa pessoa era comunista:

> Não tenho muita informação sobre isso, a não ser a declaração genérica da agência de que não há nada nos arquivos que negue suas ligações comunistas.

ad misericordiam (apelo à piedade): apelar à piedade como argumento para merecer tratamento especial.

Eu sei que fui reprovado em todas as provas, mas, se eu não passar nessa disciplina, terei de repeti-la durante o verão. Você *precisa* me deixar passar!

A piedade não é sempre um mau argumento, mas é certamente inapropriado quando se trata de fazer uma avaliação objetiva.

ad populum: apelar para a emoção das massas; também, apelar para que alguém siga o que as massas fazem. "Todo o mundo faz isso!" A *ad populum* é um bom exemplo de um *mau* argumento de autoridade: não se oferece nenhuma razão para mostrar que "todo o mundo" é uma fonte bem embasada ou imparcial.

afirmação do consequente: falácia dedutiva com a forma

> Se **p**, então **q**.
> **q**.
> Portanto, **p**.

No enunciado "se **p**, então **q**", **p** é chamado de "antecendente" e **q** de "consequente". A segunda premissa em *modus ponens* – uma forma válida – afirma o antecedente (confira). Afirmar o *consequente*, porém, gera uma forma inválida. Não é porque as premissas são verdadeiras que a conclusão será necessariamente verdadeira. Por exemplo:

> Quando as estradas estão congeladas, o correio atrasa.
> O correio está atrasado.
> Portanto, as estradas estão congeladas.

Embora o correio se atrase quando as estradas estão congeladas, ele também pode se atrasar por outras razões. Esse argumento ignora as explicações alternativas.

petição de princípio: usar veladamente a sua conclusão como premissa.

> Deus existe porque assim está escrito na Bíblia, e sei que é verdade porque, afinal de contas, Deus escreveu a Bíblia!

Na forma de premissa e conclusão, esse argumento ficaria assim:

> A Bíblia diz a verdade, porque Deus a escreveu.
> A Bíblia diz que Deus existe.
> Portanto, Deus existe.

Para defender a afirmação de que a Bíblia diz a verdade, o argumentador diz que Deus a escreveu. Mas, obviamente, se Deus escreveu a Bíblia, Deus existe. Assim, esse argumento *pressupõe* exatamente aquilo que está tentando provar.

argumento circular: o mesmo que **petição de princípio**.

pergunta complexa: apresentar uma questão de tal modo que as pessoas não possam concordar *ou* discordar sem se comprometer com alguma outra afirmação que você deseja defender. Um exemplo simples: "Você ainda é tão egoísta quanto era antes?" Ao responder "sim" *ou* "não", a pessoa se obriga a reconhecer que era egoísta.

Um exemplo mais sutil: "Em vez de se preocupar com o seu bolso, você seguirá sua consciência e fará uma doação para a nossa causa?" Ao dizer "não", a pessoa se sente culpada, independentemente da sua verdadeira razão para não doar; ao dizer "sim", independentemente da sua verdadeira razão para doar, ela se sente enobrecida. Se você quer uma doação, a coisa mais honesta a fazer é pedi-la, pura e simplesmente.

negação do antecendente: falácia dedutiva da forma

> Se **p**, então **q**.
> **p** é falso.
> Portanto, **q** é falso.

Na asserção "Se **p**, então **q**", **p** é chamado de "antecendente" e **q** de "consequente". A segunda premissa em *modus tollens* – uma forma válida – nega o consequente (confira). Negar o *antecedente*, porém, gera uma forma inválida. Neste tipo de argumento errôneo, não é porque as premissas são verdadeiras que a conclusão será necessariamente verdadeira. Por exemplo:

> Quando as estradas estão congeladas, o correio atrasa.
> As estradas não estão congeladas.
> Portanto, o correio não está atrasado.

Embora o correio se atrase quando as estradas estão congeladas, ele também pode se atrasar por outras razões. Esse argumento ignora explicações alternativas.

ambiguidade: ver Regra 7.

falsa causa: termo genérico para uma conclusão questionável sobre causa e efeito. Para entender especificamente *por que* a conclusão é (supostamente) questionável, veja as Regras 20 a 23.

falso dilema: reduzir as opções sob consideração a apenas duas, muitas vezes frontalmente contrárias e injustas para as pessoas envolvidas no dilema. Por exemplo, "América: ame-a ou deixe-a". Eis aqui um exemplo mais sutil retirado do trabalho de um estudante: "Como o universo não pode ter sido criado a partir do nada, ele tem de ter sido criado por uma força vital inteligente..." A criação por uma força vital inteligente é a *única* outra possibilidade? Falsos dilemas muitas vezes incluem **linguagem apelativa**; e eles também, é claro, desprezam alternativas.

linguagem apelativa: ver Regra 5.

non sequitur: tirar uma conclusão que "não se segue", ou seja, uma conclusão que não é uma inferência razoável a partir dos elementos disponíveis. Termo bastante genérico para um mau argumento. Procure descobrir o que exatamente está errado com o argumento.

falácia da "pessoa que": ver Regra 10.

definição persuasiva: definir um termo de maneira aparentemente simples e objetiva, mas, na verdade, **apelativa**. Por exemplo, Ambrose Bierce, em *The Devil's Dictionary*, define "fé" como "crença sem provas naquilo que uma pessoa sem conhecimento diz acerca de algo que não tem paralelo". As definições persuasivas também podem ser tendenciosamente favoráveis: por exemplo, definir "conservador" como "alguém com uma visão realista dos limites do homem". Ver o Apêndice sobre definições.

petitio principii: petição de princípio em latim.

sabotagem na fonte: usar **linguagem apelativa** para denegrir um argumento antes mesmo de mencioná-lo.

> Sei que vocês não foram ludibriados pela meia dúzia de teimosos que ainda não superaram a superstição segundo a qual...

Mais sutil:

> Nenhuma pessoa sensata crê que...

post hoc, ergo propter hoc (literalmente, "depois disso, portanto por causa disso"): presumir apressadamente a causalidade baseando-se na mera sucessão cronológica. Mais um termo muito genérico para aquilo que o Capítulo V procura tornar mais preciso. Consulte o Capítulo V e tente entender *por que*, especificamente, um determinado argumento parece presumir apressadamente a causação.

desviar a atenção do assunto: introduzir tema irrelevante ou secundário, desviando desse modo a atenção do tema principal. Consiste geralmente em levantar uma questão sobre a qual as pessoas têm opiniões bem marcadas, de modo que ninguém se dá conta de que sua atenção está sendo desviada. Numa discussão sobre a segurança de diferentes marcas de automóvel, por exemplo, a questão sobre quais delas são fabricadas no país é uma forma de desviar a atenção.

falácia do espantalho: caricaturar uma visão contrária para que seja fácil refutá-la; ver Regra 5.

homonímia sutil*: mudar o sentido de uma palavra no meio do argumento para que a conclusão se mantenha, apesar da radical mudança de significado. Manobra executada normalmente sob a pressão de um contra-exemplo.

> A. Todo estudo é uma tortura.
> B. Mas e o estudo da argumentação? Você adora esse assunto!
> A. Bem, isso não é propriamente estudo.

Aqui, a homonímia sutil está no termo "estudo". A resposta de A à objeção de B, em verdade, muda o sentido de "estudo" para "estudo que é uma tortura". A primeira afirmação de A permanece verdadeira, mas apenas porque se tornou banal ("Todo estudo que é uma tortura é uma tortura"). Veja também a discussão sobre "egoísmo" na Regra 7, e o Apêndice sobre definições.

---

* Expressão proposta na tradução brasileira da *Dialética erística*, de Arthur Schopenhauer (Topbooks, 2003), onde são discutidos 38 estratagemas da discussão maliciosa. (N. do T.)

APÊNDICE
A DEFINIÇÃO

Alguns argumentos exigem atenção ao sentido das palavras. Às vezes, podemos não saber o sentido estabelecido de um termo, ou o sentido estabelecido pode ser especializado. Se a conclusão de nosso argumento for que "o wejack é herbívoro", a primeira tarefa será definir os termos empregados, a não ser que estejamos nos dirigindo a um ecólogo algonquino*. Se você encontrar semelhante conclusão em outro contexto, a primeira providência será consultar um dicionário.

Outras vezes, um termo pode estar muito em voga e, mesmo assim, não ser muito claro. Discutimos o "suicídio assistido", por exemplo, mas nem sempre sabemos ao certo o que isso significa. Para poder argumentar adequadamente a respeito, precisamos ter uma *noção* consensual acerca do tópico em discussão.

Um outro tipo de definição é necessário quando o sentido de um termo é contestado. O que é "droga", por

---

* "Wejack" é o nome algonquino da marta norte-americana, animal parecido com a doninha, encontrado na costa leste da América do Norte. "Herbívoros" são animais que comem apenas, ou basicamente, plantas. Na verdade, os wejacks não são herbívoros.

exemplo? Álcool é droga? E o tabaco? E se forem? Existe uma forma lógica de responder a essas perguntas?

D1. Quando os termos forem obscuros, seja específico

Comece pelo dicionário. Uma vizinha minha recebeu uma advertência do Instituto do Patrimônio Histórico da cidade por ter instalado no jardim da sua casa uma maquete de farol de um metro e vinte de altura. Uma portaria municipal proíbe que estruturas fixas sejam erguidas na área externa das casas situadas em bairros históricos. Ela foi repreendida diante de uma comissão do Instituto e instruída a retirá-la. Os ânimos se exaltaram e o assunto foi parar nos jornais.

O *Webster's* salvou a pátria. Segundo o dicionário, uma "estrutura fixa" é algo irremovível, fixado a uma construção, como um anexo permanente ou uma seção estrutural. O farol, contudo, era removível – estava mais para um ornamento de jardim. Portanto, não era uma "estrutura fixa"; assim, não era proibido.

Quando as questões ficam mais complicadas, os dicionários são menos úteis. Suas definições muitas vezes oferecem, para cada coisa, sinônimos às vezes tão imprecisos quanto a palavra que você está procurando definir. Os dicionários também podem dar inúmeras definições, de modo que você terá de escolher entre elas. E, às vezes, eles estão simplesmente errados. O *Webster's* define "dor de cabeça" como "uma sensação dolorosa na cabeça". Essa definição é ampla demais. A picada de uma abelha ou um corte na testa ou no nariz seria uma sensação dolorosa na região da cabeça, mas não uma dor de cabeça.

Algumas palavras, portanto, é *você* que precisa tornar mais exatas. Use termos concretos, precisos, fugindo do que é vago (Regra 4). Seja específico sem estreitar demais o campo semântico do termo.

"Alimentos orgânicos" são alimentos produzidos sem fertilizantes nem pesticidas químicos.

Definições como essa trazem à mente uma ideia bastante clara, e é possível seguir adiante investigando-a, ou verificando sua validade. Não se esqueça também, é claro, de *respeitar* a sua definição ao longo de todo o processo de argumentação (Regra 7; ver também a falácia da homonímia sutil, Capítulo X).

Não use termos apelativos (Regra 5). Uma das virtudes do dicionário é sua neutralidade. O *Webster's* define "aborto", por exemplo, como "expulsão prematura, à força, do feto dos mamíferos". Trata-se de uma definição neutra, como deve ser. Não cabe ao dicionário decidir se o aborto é moral ou imoral. Compare uma definição comum apresentada por uma das partes numa discussão sobre o aborto:

"Aborto" significa "assassinato de bebês".

Essa definição é apelativa. Um feto não é a mesma coisa que um bebê, e o termo "assassinato" atribui injustamente intenção indigna a pessoas bem-intencionadas (por mais erradas que elas possam estar aos olhos de quem escreve). A afirmação de que pôr fim à vida de um feto é comparável a pôr fim à vida de um bebê é plausível, mas cabe ao argumento *demonstrar*, e não simplesmente *presumir* por definição. (Ver também a falácia da "definição persuasiva", Capítulo X.)

Talvez seja necessário fazer uma pesquisa. Você descobrirá, por exemplo, que "suicídio assistido" é permitir que médicos ajudem pacientes conscientes e de posse de suas faculdades mentais a programar e proceder à própria morte. Não inclui permitir que os médicos "desliguem" os aparelhos sem o consentimento deles (isso seria uma forma de "eutanásia involuntária" – outra categoria). As pessoas podem ter boas razões para se opor ao suicídio assistido assim definido, mas, se a definição ficar clara desde o princípio, pelo menos as partes adversárias estarão falando sobre a mesma coisa.

Às vezes, podemos definir um termo propondo determinados testes ou procedimentos que estabeleçam se ele se aplica ou não. A isso dá-se o nome de definição *operacional*. Por exemplo, a lei do Wisconsin exige que todas as reuniões legislativas sejam abertas ao público. Mas o que, exatamente, essa lei considera uma "reunião"? A própria lei oferece um elegante teste operacional:

> Considerar-se-á "reunião" todo encontro de legisladores em número suficiente para impugnar o andamento do projeto sob apreciação.

Essa definição é muito estreita para definir o uso comum da palavra "reunião". Mas cumpre a contento o objetivo da lei: evita que os legisladores tomem decisões cruciais longe dos olhos da opinião pública.

D2. Quando os termos forem contestados, trabalhe a partir dos casos incontestes

Às vezes, um termo é *contestado*. Ou seja, as pessoas discutem sobre a própria pertinência do termo que está sendo empregado. Nesse caso, não basta propor simplesmente uma elucidação. É preciso realizar uma forma mais detida de argumentação.

Quando um termo é contestado, é possível distinguir três grupos de coisas que devem ser levadas em conta. Um deles inclui as coisas às quais o termo se aplica com toda clareza. O segundo reúne as coisas às quais o termo, com toda clareza, *não* se aplica. No meio virão as coisas cuja situação é incerta – incluindo aquelas sobre as quais se está discutindo. Seu papel é formular uma definição que

1. *Inclua* todas as coisas que o termo sem dúvida contemple;
2. *Exclua* todas as coisas que o termo sem dúvida não contemple; e
3. Trace a *linha mais clara possível* entre uma coisa e outra, e *explique* por que a linha deve ser traçada aí, e não em outro lugar.

Por exemplo, pense no que define uma "ave". Exatamente o que é uma ave, afinal? Morcego é ave?

Para atender à exigência número 1, muitas vezes é útil começar pela categoria geral (reino) à qual pertencem as coisas que estão sendo definidas. No caso das aves, o reino natural é o dos animais. Para atender às exigências 2 e 3, temos de especificar de que modo as aves diferem dos outros animais (a isso se dá o nome de *differentia*). Nossa questão, portanto, é a seguinte: o que, exatamente, diferencia as aves – *todas* as aves e *apenas* as aves – dos outros animais?

É mais difícil do que parece. Não podemos usar o voo, por exemplo, para traçar a linha, porque o avestruz e o pinguim não voam (de modo que a definição proposta não cobriria todas as aves, violando a primeira exigência), enquanto marimbondos e mosquitos voam (de modo que a definição proposta incluiria seres que não são aves, violando a segunda exigência).

O que distingue todas as aves, e apenas elas, segundo constatamos, é o fato de terem penas. Os pinguins e o avestruz têm penas, embora não voem – continuam sendo aves. Mas os insetos não, e nem (caso você tenha ficado na dúvida) os morcegos.

Agora, consideremos um caso mais difícil: o que define uma "droga"?

Vamos começar, novamente, com os casos que são fora de dúvida. A heroína, a cocaína e a maconha são, sem dúvida, drogas. O ar, a água, a maioria dos alimentos e os xampus, sem dúvida, *não* são drogas – embora todos sejam "substâncias" e "gases", como as drogas, e todos sejam ingeridos, inalados ou aplicados diretamente no corpo. Entre os casos incertos estão o tabaco e o álcool*.

Nossa questão, portanto, é a seguinte: alguma descrição geral inclui *todos* os casos indubitáveis de "drogas" e exclui *todas* as substâncias que, sem dúvida, não são drogas, traçando uma linha clara entre uma coisa e outra?

As "drogas" já foram definidas – até mesmo por uma comissão presidencial – como substâncias que afetam o corpo e a mente de alguma forma. Mas essa definição é ampla demais. Inclui o ar, a água, a comida, e assim por diante, deixando de atender à segunda exigência.

....
* Incertos sob outro aspecto são substâncias como a aspirina, os antibióticos, as vitaminas e os antidepressivos – o tipo de substâncias que compramos em "drogarias" e chamamos de "drogas" no sentido farmacêutico. Mas esses são *remédios* – não "drogas" no sentido moral que estamos abordando.

Também não podemos definir "droga" como uma substância *ilegal* que afeta o corpo e a mente de alguma forma. Essa definição poderia cobrir mais ou menos o grupo certo de substâncias, mas não atenderia à exigência número 3. Não explica por que a linha deve ser traçada nesse ponto. Afinal, parte do objetivo de tentar definir "droga" pode muito bem ser a tentativa de decidir quais substâncias *deveriam* ser legais e quais não! Definir "droga" como uma substância ilegal submete a definição a um curto-circuito.

Experimente isto:

> Droga é a substância usada com o principal objetivo de alterar o estado da mente de um modo específico.

A heroína, a cocaína e a maconha, obviamente, entram nessa definição. A comida, o ar e a água não – porque, muito embora tenham efeitos sobre a mente, estes não são específicos e não são a razão principal pela qual comemos, respiramos e bebemos. Os casos incertos serão, a seguir, atacados com a pergunta: "Será que o efeito *principal* é *específico* e atua sobre a mente?" Distorção da percepção e alteração de humor são os aspectos que mais nos interessam nos atuais debates sobre "drogas", portanto, essa definição dá conta do tipo de diferenciação que as pessoas mais gostariam de fazer.

Devemos acrescentar que as drogas viciam? Talvez não. Algumas substâncias viciam mas não são drogas – certos alimentos, talvez. E se uma substância que "altera o estado da mente de algum modo específico" não viciar (como algumas pessoas afirmam que é o caso da maconha, por exemplo)? Segue-se daí que ela não é uma droga? Talvez o vício defina o "abuso de drogas", mas não a "droga" em si.

D3. Não espere que as definições façam o trabalho dos argumentos

As definições ajudam a organizar as ideias, agrupar coisas afins e identificar semelhanças e diferenças fundamentais. Às vezes, depois que as palavras estão definidas com clareza, as pessoas podem até mesmo descobrir que simplesmente não discordam a respeito de determinado assunto. Por si mesmas, porém, as definições raramente decidem as questões mais difíceis.

Procuramos definir "droga", por exemplo, em parte para decidir que tipo de atitude tomaremos com relação a certas substâncias. Mas essa definição não pode responder sozinha a essa questão. Na definição proposta, por exemplo, o café é uma droga. A cafeína sem dúvida altera o estado de ânimo de uma maneira específica. Chega até mesmo a viciar. Mas segue-se daí que o café deva ser proibido? Não – porque o efeito é moderado e socialmente positivo para muitas pessoas. É preciso pesar na balança os benefícios e os danos antes de chegar a uma conclusão.

A maconha é uma droga pela definição proposta. Ela deve (continuar a) ser proibida? Assim como no caso do café, é preciso elaborar mais argumentos. Algumas pessoas afirmam que o efeito da maconha também é moderado e socialmente positivo. Supondo que elas estejam certas, seria possível argumentar que a maconha não deveria ser proibida, mesmo *sendo* uma "droga" (a exemplo, lembre-se, do café). Outras argumentam que ela tem efeitos muito piores e costuma ser uma "porta de entrada" para drogas mais pesadas. Se estiverem certas, poderíamos defender sua proibição, seja ela droga ou não.

Ou talvez a maconha seja mais parecida com certos antidepressivos e estimulantes – remédios que (observe) também podem ser considerados "drogas" pela definição proposta, mas não pedem proibição, e sim *controle*.

O álcool, enquanto isso, *é* uma droga pela definição proposta. Com efeito, é a droga mais largamente consumida entre todas. Seus danos são enormes: cirrose, defeitos congênitos, mortes no trânsito e outros mais. Deveria sofrer restrições, ou ser proibido? Talvez – embora também haja contra-argumentos. Mais uma vez, essa questão não se resolve pela definição do álcool como droga. Nesse caso, os *efeitos* fazem a diferença.

Em resumo, as definições contribuem para a clareza, mas raramente tomam, por si só, o lugar dos próprios argumentos. Elucide seus termos – saiba exatamente qual é a sua pergunta – mas não espere que a clareza, por si só, vá responder a ela.

Próximos passos

O assunto deste livro é normalmente chamado de "pensamento crítico" ou (hoje em dia menos comumente) "lógica informal". Se você é aluno do ensino médio ou superior e quer aprender mais sobre o tema, procure disciplinas com esses nomes na sua instituição de ensino. Se quiser aprofundar-se, encontrará dezenas de livros-texto dedicados a esses cursos na biblioteca de qualquer faculdade ou universidade, procurando pelas palavras-chave "pensamento crítico". Dois bons exemplos são *Critical Thinking*, de Brooke Noel Moore e Richard Parker (Mayfield Publishing Company), e *Open Minds and Everyday Reasoning*, de Zachary Seech (Wadsworth Publishing Company).

O estudo da lógica formal começa com as formas dedutivas apresentadas no Capítulo VI e expande-as num sistema de símbolos de escopo e alcance muito maior. Um bom livro-texto para isso é *A Concise Introduction to Logic*, de Patrick Hurley (Wadsworth Publishing Company) — mas, repetimos, há dezenas de outros disponíveis (procure pela palavra-chave "lógica"). Muitos livros-texto hoje combinam lógica formal e informal. Uma visão geral bem equilibrada é *The Art of Reasoning*, de David Kelley (W. W. Norton).

Na área de pensamento crítico e ética, incluindo orientações para não ignorar alternativas, veja meu livro *A 21st Century Ethical Toolbox* (Oxford University Press). Para mais material do tipo "como fazer" na área de pensamento criativo – como pensar em alternativas realmente novas diante de situações aparentemente "sem saída" –, veja os diversos trabalhos de Edward DeBono, como *DeBono's Thinking Course* (Ariel/BBC).

O campo da *retórica* estuda o uso da linguagem na prática da persuasão, especialmente nas discussões. Um excelente texto nesse campo é *The Aims of Argument: A Rhetoric and Reader*, de Timothy Crusins e Carolyn Channell (Mayfield Publishing Company). Uma abordagem literária da argumentação por esse ângulo pode ser encontrada em *The Realm of Rhetoric*, de Chaim Perelman (University of Notre Dame Press).

Especificamente sobre falácias (Capítulo X), ver *Logic and Contemporary Rhetoric*, de Howard Kahane (Wadsworth Publishing Company). Para um tratamento histórico e teórico das falácias, ver *Fallacies*, de C. Hamblin (Methuen). Para estilos de citação, *Writing with Sources*, de Gordon Harvey (Hackett Publishing Company), é um guia útil e breve. Sobre regras de estilo em geral, *The Elements of Style* (Macmillan), de William Strunk e E. B. White, ainda é insuperável – livro muito próximo deste em espírito. Mantenha-os juntos na mesma prateleira e não deixe que acumulem poeira!

GRÁFICA PAYM
Tel. [11] 4392-3344
paym@graficapaym.com.br